Stephan Fennel • Snežana Šimičić

Biker Betten
Motorrad Reisebuch

FRANZÖSISCHE ALPEN

Auf dem Motorrad entdecken

Das Autorenteam Snežana Šimićič und Stephan Fennel.

B*ienvenue dans les Alpes françaises* – Willkommen in den französischen Alpen! Mit diesem Motorrad-Reiseführer möchten wir euch auf das „Dach" dieses europäischen Gebirgszuges locken, denn nicht nur die höchsten Gipfel, sondern auch viele der höchsten Alpenpässe liegen nun einmal in Frankreich.

Die häufig permaweißen Berge sind aber nur eine Facette, wenn auch sozusagen die Spitze, des vielfältigen Angebots, das gerade wir Motorradfahrer zwischen den Gestaden des Lac Léman – bei uns landläufig bekannt als Genfer See – und der mondänen Mittelmeerküste mit dem immer aufs neue verlockenden Beinamen Côte d'Azur vorfinden. Dazwischen entdecken wir, auf zwei Regionen und darin acht Départements verteilt, nun wirklich alles, was unser Reiseherz begehrt. Wir können auf verkehrsarmen Traumstraßen unserem Hobby frönen, uns an einer Natur ergötzen, wie sie in diesem Ausmaß auf so kleinem Raum kaum anderswo zu finden ist, dürfen uns an kulturellen Attraktionen ebenso erfreuen, wie an kulinarischen Köstlichkeiten laben.

Die französischen Alpen – ein Fest für alle Sinne!

Nur keine Vorurteile

Bei so viel Schwärmerei darf nicht unerwähnt bleiben, dass viele, die noch nicht in den Genuss einer Tour durch dieses Gebiet gekommen sind, bis heute ihre Vorurteile gegenüber unseren gallischen Nachbarn pflegen. Und natürlich kennt jeder einen, der wiederum einen kennt, der schon mal schlechte Erfahrungen mit einem Hotel, dem Essen (nein, es gibt dort kein Jägerschnitzel...), der Sprachfaulheit der Franzosen (wieso sprechen die eigentlich kein Deutsch?) oder sonst irgendeiner Eigenart der Franzosen gemacht hat.

Wir fanden es schon immer viel spannender, uns auf die Lebensweise derer einzulassen, die wir besuchen. Das erweitert den eigenen Horizont und ist zudem auch entspannender – gerade in Frankreich. Schließlich möchten wir uns die Traumreise durch eine Traumregion ja nicht selbst vermiesen, oder?

Wir haben jedenfalls zum allergrößten Teil positive Erfahrungen in den französischen Alpen gemacht. So schätzen wir es sehr, dass Autofahrer dort Rücksicht auf uns nehmen. Es dauert immer ein paar Tage, bis wir uns wieder daran gewöhnt haben, weil es dieses Miteinander auf der Straße hierzulande nun wirklich nicht gibt.

Auch können wir empfehlen, jeden Wunsch, denn man erfüllt sehen möchte, oder jede Frage, auf die man gerne eine Antwort hätte, mit ein paar französischen Brocken zu äußern. Sobald der Gegenüber merkt, dass man sich bemüht, es so aber nichts wird mit der Verständigung, kramt er wie selbstverständlich die eigenen fremdsprachlichen Fähigkeiten heraus – und schon klappt's auch mit der Kommunikation.

Abstecher, die Sinn machen

In diesem Reiseführer widmen wir uns natürlich ausführlich der wichtigsten Nord-Süd-Verbindung der westlichen Alpen: der Route des Grandes Alpes. Wir bleiben aber nicht metergetreu an der Originalstrecke haften, sondern stellen zusätzlich ein paar Abstecher vor, die unserer Meinung nach Sinn machen, wenn man schon mal in der Gegend unterwegs ist.

Außerdem führen wir euch an unbekanntere Ziele, etwa die Höhenzüge Bauges, Cahrtreuse und Vercors. Hier laufen die Alpen nach Westen hin aus, zünden aber noch einmal ein spektakuläres Feuerwerk an Strecken, die jeder unbedingt einmal in seinem Bikerleben gefahren sein sollte.

Gerade in den französischen Alpen lässt es sich zudem auch sehr intensiv zu einem Thema reisen. Themenrouten sind gefragter denn je, auch bei Motorrad-Reisenden. So könnt Ihr mit unseren Empfehlungen einer Olivenroute folgen, der faszinierenden Farbenpracht des Lavendels erliegen oder euch auf die Spur eines „großen Franzosen“ begeben – dazu ist die Route Napoléon bestens geeignet.

GPS-Koordinaten

Was immer Ihr euch vornehmt: Zu den Highlights jeder Tour findet Ihr die GPS-Koordinaten, die Routen gibt es kostenlos zum Download im Internet. Unsere Auswahl an Unterkünften deckt zudem von schlicht, aber charmant, bis luxuriös alles ab.

Euer Französisch ist ein wenig eingerostet? Keine Sorge, mit Englisch und zumindest im nördlichen Teil der französischen Alpen auch Deutsch gelingt die Verständigung meist problemlos. Einen Mini-Sprachführer mit den wichtigsten Vokabeln rund um die Motorradreise haben wir zur Sicherheit dennoch zusammengestellt.

Uns bleibt noch zu sagen: ***bonne route*** – gute Fahrt. Und viel Spaß bei euren Erkundungstouren durch die französischen Alpen!

Snežana Šimićič & Stephan Fennel

La Casse Déserte
LA CASSE DESERTE (Site classé)
alt. 2220 m
→ Col d'Izoard 2.6 km
→ Refuge Napoléon 3.6 km
← Brunissard 5 km

Bourg-en-Bresse
Genève
A72
A42
Lyon
Annecy
1
Albertville
A43
4
St-Étienne
A47
E70
Chambéry
A48
A41
A43
Le Puy-en-Velay
A49
5
Grenoble
2
Valence
E15
A7
6
10
Montélimar
Gap
7
Orange
Nîmes
3
Avignon
A51
Arles
8
Aix-en-Provence
E80
A8
Marseille
9
A50
Toulon
E25

1 ROUTE DES GRANDES ALPES – TEIL 1

2 ROUTE DES GRANDES ALPES – TEIL 2

3 ROUTE DES GRANDES ALPES – TEIL 3

4 BAUGES UND CHARTREUSE

5 KURVENPARADIES VERCORS

6 DIE LAVENDEL-ROUTE

7 DIE OLIVEN-ROUTE

8 DER GRAND CANYON DU VERDON

9 AN DER CÔTE D'AZUR

10 ROUTE NAPOLÉON

Von den **Bergen…**

Zwischen dem Ufer des Lac Léman und den Lavendelfeldern der Drôme Provençale liegen die traumhaften Landschaften der französischen Hochalpen-Gebiete. Savoien ist mit besonders vielen dieser magischen Orte gesegnet – so wie dem Lac de Presset, der in der Umgebung des Cormet de Roselend zu finden ist – allerdings nur zu Fuß!

GPS 45.64854, 6.66399

…bis hinab an das Meer

Ist der Col du Galibier erst einmal überwunden, eröffnet sich Reisenden schon bald ein völlig anderes Landschaftsbild. Von der schroffen Casse Déserte bis zum rauschenden Mittelmeer reicht die Szenerie der französischen Seealpen, der Alpes Maritimes. Und wenn es einen Ort gibt, der exemplarisch für die Côte d'Azur steht, dann Nizza!

GPS 43.69490, 7.26315

Häufig finden sich in den französischen Alpen Straßen wie am Combe Laval, die jedes Biker-Herz höher schlagen lassen.

REGION

Unter einem strahlend blauen Himmel und fernab von alltäglichem Ungemach entfalten gerade Bergwelten ihren ganz eigenen mythischen Zauber. Der Himmel so nah, die Sorgen so klein – nirgends kann Entspannung so eindrucksvoll zu spüren sein.

Für einen solchen Zauber der Bergwelt stehen auch und besonders die französischen Alpen. Zwei Regionen teilen sich diesen herrlichen Landstrich zwischen dem Normal Null des Meeres und den höchsten Pässen, wie auch den höchsten Gipfeln, die in den Alpen zu finden sind. Auvergne-Rhône-Alpes erstreckt sich dabei vom Genfer See bis etwa zur Mitte der französischen Alpen, Provence-Alpes-Côte d'Azur läuft von dort bis zu den Stränden zwischen italienischer Grenze und Marseille aus.

Zur französischen Alpen-Region gehört ein 400 Kilometer langer Streifen, der zwischen 60 bis 160 Kilometer breit ist und sich in den Regionen Auvergne-Rhône-Alpes und Provence-Alpes-Côte d'Azur im Südosten des Landes befindet. Er gliedert sich zum einen in die Départements Savoie, Haute-Savoie, Isère und Drôme, zum anderen in Alpes-de-Haute-Provence, Alpes-Maritimes, Haute-Alpes und Teile des Vaucluse. Der höchste Gipfel der französischen Alpen ist mit 4 807 Metern der Montblanc, der zugleich auch der höchste Berg der Alpen ist.

Rhône-Alpes

Gerade in Rhône-Alpes wird das alpine Suchtpotential mehr als deutlich: Frankreichs vielfältigste Region weist hunderte Gipfel, die sich über 3 000 Meter erheben, sowie eine üppige Tier- und Pflanzenpracht aus.

Das augenfälligste Bindeglied für all diese Naturereignisse ist das Wasser von Rhône-Alpes. Vom Südufer des Genfer Sees sowie den blau schimmernden Gewässern Lac d'Annecy

Wasser ist das Bindeglied für die meisten Naturereignisse in den französischen Alpen.

und Lac de Bourget über die zahllosen Gebirgsbäche und rauschenden Wasserfälle bis hinunter in das Tal der Rhône ist das alpine Nass ein ständiger Begleiter für Einheimische und Reisende.

Bei so viel Wasser ist es auch kein Wunder, dass die meisten Mineralwässer Frankreichs in Rhône-Alpes abgefüllt werden. Zu den insgesamt 25 kommerziell genutzten Quellen gehören auch bei uns bekannte Namen wie Evian und Badoit.

Im schroffen Gegensatz dazu wecken die eindrucksvollen Schluchten von Verdon oder Ardèche Assoziationen zum Grand Canyon. Andere, nicht minder beeindruckende Gebirgseinschnitte, etwa im Vercors, lassen mit ihren winzigen, am Fels klebenden Straßen Biker-Herzen höher schlagen.

Viele einzigartige Naturlandschaften drängen sich mit immer wieder wechselnden Geruchsnuancen auf und laden zum Halt. Acht Naturparks hat allein Rhône-Alpes zu bieten, darunter das Vanoise-Massiv, das Pilat-Massiv, die Chartreuse und das Vercors-Massiv. Gekrönt vom Mont Blanc führen anspruchsvolle Hochalpenstraßen über den Haut-Giffre bis zum Tal der Abondance. Dazwischen locken herrlichste Alpenpässe wie der Col d'Iseran, die mit 2 764 Metern höchste asphaltierte Bergquerung überhaupt, oder der legendäre Col du Galibier, auch noch 2 645 Meter hoch.

Provence-Alpes-Côte d'Azur

Der Galibier liegt im Prinzip dort, wo sich Nord- und Südalpen trennen – und da liegt auch die Grenze zwischen zwei alpinen Welten, wie sie bei aller Ge-

Der Galibier-Pass liegt dort, wo sich Nord- und Südalpen trennen.

meinsamkeit unterschiedlicher kaum sein könnten. Die hochalpine Bergwelt von Rhône-Alpes läuft im Westen der Region ins Provenzalische aus, nach Süden hingegen setzt sich das Gebirge in völlig neuem Gewand gen Mittelmeer fort, bis es sein ebenso schönes wie dramatisches Ende an der ewig faszinierenden Côte d'Azur findet.

Dazwischen liegt, teilweise verborgen, eine Wunderwelt aus Gipfeln, Tälern, Schluchten und Abgründen, verträumten Dörfern und historisch relevanten Schauplätzen, die allesamt begeistern können. Motorrad-Wanderer finden hier ebenso ihre Erfüllung wie abenteuerlustige Gesellen auf der Suche nach einem Adrenalinkick. >

Kulturinteressierte könnten zudem Wochen und Monate damit zubringen, in den entlegensten Gegenden nach barocken Schätzen oder monumentaler Festungsarchitektur zu suchen. Mobile Zeitgenossen werden die einsamen Straßen durch reizvollste Regionen gar nicht mehr verlassen mögen. Und Kulinariker können Deftiges oder auch Sinnliches, nur selten aber Durchschnittliches kosten.

Eines ist jedenfalls sicher: Diese französischen Alpen lassen einen nicht mehr los!

REGIONALER GENUSS

Die Vielfalt Frankreichs spiegelt sich nicht zuletzt auch in den kulinarischen Genüssen wider. Vor allem in seinen Alpenregionen weiß das Land davon reichlich zu offerieren. Zeit für einen Streifzug durch ein Schlaraffenland!

Käse und Wein sind zwei ganz wesentliche Elemente des französischen Schlaraffenlands.

Das Angebot an Leckereien ist bereits im nördlichen Teil der französischen Alpen nahezu unüberschaubar. Schon bei der Auswahl von Käse zwischen Hauptgang und Dessert kann man schnell überfordert sein.

Unüberschaubare Vielfalt

Aus dem Chablais kommen der Tomme de Savoie, ein würziger Hartkäse, sowie der Beaufort d'Alpage, dem man geschmacklich anmerkt, dass die verwendete Milch von glücklichen Almkühen aus naturbelassenen Höhenlagen stammt. Weiter südlich schließen sich das Aravis-Massiv und die Maurienne an. Sie bringen schmackhafte Sorten wie den weich-würzigen Reblochon oder den seltenen Blauschimmelkäse Bleu de Termingnon hervor. Auch der Saint Marcellin, ein sehr cremiger Käse aus dem Département Isère, kann geschmacklich überzeugen.

Die Drôme weiß mit dem wunderbaren Picodon, einem Ziegenkäse, zu punkten. Dieser ist besonders auf den Bauernmärkten zu finden. Freunde von Edelschimmel hingegen kommen mit dem Bleu de Gex aus dem Grenzgebiet zur Schweiz auf ihre Kosten.

Wem das alles zu viel oder zu deftig ist, der kann sich mit einer Entscheidung für Fromage Blanc in Sicherheit bringen. Gerade deutsche Besucher verwechseln dies gerne mit Quark. Aber die cremige Konsistenz und der deutlich feinere Geschmack machen ihn zu einem unverwechselbaren Produkt. Vorzugsweise wird er solo mit einem Schuss Milch, alternativ aber auch mit frischen roten Früchten, im Département Isère gerne auch mit Honig und den hier geernteten Walnüssen serviert.

Exquisite Wurstsorten

Neben der bei uns bekannten Lyoner sind die vielfältigen Wurstsorten und luftgetrockneten Würste schon fast legendär: exquisit im Geschmack und in der Qualität. Zu den beliebtesten Sorten gehören Rosette, Jésus, Sabodets aus Schweineschwarten, Cervelas mit Trüffeln oder Pistazien und die Kuttelwürste aus dem Beaujolais.

Eine ganz andere Leckerei sind die Oliven, etwa aus der Drôme. Daraus wird in der Gegend um die Olivenhauptstadt Nyons hervorragendes Öl gewonnen (siehe Tour 7).

Spitzenkoch Michel Chabran aus Pont de l'Isère verkündet jedem, der es hören will: „Das Département Drôme ist ein gesegnetes Land!" Recht hat er. Aus seiner Umgebung, genauer aus Romans, stammen übrigens die Ravioles, kleine Raviolis mit Frischkäse, die in Hühnerbrühe gegart werden.

Verführerische Düfte

Die lokalen Märkte der Drôme strotzen nur so vor verführerischen Düften: frische Gewürze, heimische Früchte und köstlich-rustikale Würste. Dabei zeigt sich auch, dass zwischen den deftigen Gerichten der hochgelegenen Gebirgsregionen und dem leichten, schon mediterranen Genuss des Flachlands der grandiose Variantenreichtum der Region liegt.

Die kulinarischen Erlebnisse wechseln zwischen Berggipfeln und Mittelmeer von deftig bis sinnlich.

Das ist weiter im Süden kaum anders. Auch hier unterscheiden sich die alpinen Spezialitäten der Hochprovence deutlich von den maritimen des Küstenstreifens zu Füßen der Seealpen. Was dem einen Fleisch und Soßen, ist dem anderen Fisch und leichtes Gemüse. Doch was sie eint, ist die Liebe zum guten Geschmack, in Frankreich natürlich auch stets einhergehend mit der Liebe zu einem guten Tropfen.

Wer diesen auf die Spur gehen möchte, findet zahlreiche touristisch ausgebaute „Routes des vins" im provenzalischen Teil der Alpen und am Alpenrand. Entlang der Weinstraßen sind Kellereibesichtigungen und Besuche der Weingüter oft auch ohne Voranmeldung möglich.

Mit diesen Tipps ausgestattet steht einem genussreichen Aufenthalt in den französischen Alpen nichts mehr im Wege. Bon appetit!

Einstieg in die **Hochalpen**

Die Route des Grandes Alpes, kurz RDGA, verbindet den Lac Léman mit dem Mittelmeer. Vor 80 Jahren als eine der ersten touristischen Themenrouten Frankreichs durchgängig geöffnet, hat sie nichts von ihrem Reiz verloren.

Die ersten nennenswerten Kehren der Route des Grandes Alpes gibt es am Col de la Colombière.

TOUREN-STECKBRIEF

START- UND ZIELORT

Thonon-les-Bains (46.36587, 6.50444)
Beaufort (45.71779, 6.57534)

STRECKENLÄNGE

ca. 250 km

DAUER DER TOUR

5-7 Stunden, Empfehlung: zwei Tagesabschnitte

ROADBOOK

Thonon-les-Bains, La Baume, Les Gets, Taninges, Cluses, Le reposoir, Le Grand-Bornand, Saint-Jean-de Sixt, Thones, Annecy, Duingt, Faverges, Saint-Ferréol, Les Clefs, La Giettaz, Flumet, les Saisies, Beaufort.

HIGHLIGHTS

Neben dem höchsten Pass dieses Abschitts, dem Col de la Colombière mit 1633 Metern, ist der Besuch von Annecy (45.89841, 6.129) und die damit verbundene Runde um den Lac d'Annecy sicher der Höhepunkt dieser Tour.

Der Lac d'Annecy ist umgeben von prächtigen Berggipfeln.

Lac Léman
THONON-les-Bains
Évian-les-Bains
Amphion-les-Bains
Château de Ripaille
Rolle
Gland
NYON
Musée national suisse Château de Prangins
Prangins Musée Romain
Château de Rovorée
Divonne-les-Bains
Versoix
Collonge-Bellerive
Chêne-Bougeries
Chêne-Bourg
Ville-la-Grand
ANNEMASSE
GENÈVE
CAROUGE
Veyrier
Plan-les-Ouates
Reignier
Bonneville
la Roche-sur-Foron
St-Pierre-en-Faucigny
Cruseilles
Mont Salève
CLUSES
Scionzier
Marnaz
Thyez
Marignier
Taninges
Samoëns
Morzine
Avoriaz
les Gets
St-Jean-d'Aulps
Essert-Romand
Montriond
Chablais
Col du Corbier 1237
Col de Joux Plane 1712
Col du Feu 1121
Col es Arces 1171
Col de Cou 1113
Col de Saxel 944
Col de la Colombière 1613
Chartreuse du Reposoir
le Chinaillon
le Grand-Bornand
St-Jean-de-Sixt
la Clusaz
Col des Aravis 1486
Col de la Croix Fry 1467
Thônes
Manigod
Col du Marais 833
Chaîne des Aravis
Sallanches
Passy
Megève
Flumet
Col des Saisies 1633
les Saisies
Beaufort
UGINE
Faverges
ANNECY
Annecy-le-Vieux
Meythet
Cran-Gevrier
Seynod
Lac d'Annecy
Menthon-St-Bernard
Talloires
Doussard
St-Ferréol
Col de Leschaux 898
Parc Naturel Régional
Montagne des Auges
St-Gervais-les-Bains
Combloux
Domancy

Die Startnacht darf gerne nach Yvoire ans Ufer des Lac Léman verlegt werden.

Schon zu Beginn des 20. Jahrhunderts entstand im Touring Club de France die Idee, eine durchgehende Route über die französischen Alpen zu schaffen. Bis dahin existierten nur Teilstücke, historische Pfade über hochalpine Pässe, die einige der abgelegenen Täler miteinander verbanden.

25 Jahre Bauzeit

Es war eine große Herausforderung: Zwei Regionen – Rhône-Alpes sowie Provence-Alpes-Côte d'Azur – und fünf Départements, dazu zahllose lokale Behörden mussten zunächst von diesem gemeinsam anzugehenden Projekt überzeugt werden. Aber es gelang, und nach 25 Jahren Planung und Bauzeit wurden 1937 die letzten der zunächst 666 Straßenkilometer von ***Thonon-les-Bains*** am Südufer des ***Lac Léman*** (Genfer See) bis zum mediterranen ***Menton*** an der französisch-italienischen Grenze fertiggestellt.

Die Tour reizt vor allem mit ihren insgesamt 16 Pässen (oder je nach Zählweise auch 17, wenn man den ***Col de Lautaret*** als zugehörig ansieht, obwohl seine Passhöhe nur gestreift wird), sechs davon auf über 2 000 Metern Höhe. Dazu locken drei National- und zwei Regionalparks mit ihren Naturschönheiten. Eine durchgängige Befahrung ist gesichert, allerdings nur von Ende Juni bis Mitte Oktober möglich. Da die ***Route des Grandes Alpes (RDGA)*** in weiten Teilen rein touristische Bedeutung hat, werden gerade die prächtigsten der französischen Alpenpässe, der 2 645 Meter hohe ***Col du Galibier*** sowie der höchste asphaltierte Alpenpass, der 2 764 Meter hohe ***Col de l'Iseran***, nicht geräumt und unterliegen somit je nach Wetterlage eventuell einer extrem langen Wintersperre.

Doch selbst wer kaum oder keine Bergerfahrung hat, muss angesichts der zahlreichen Superlative der RDGA nicht verzagen. Sie ist auch für Alpeneinsteiger geeignet – wenn man sich die Tour richtig zurecht legt.

Knappes Zeitfenster

Wer die Tour nicht in dem knappen Sommer-Zeitfenster angehen kann, der benötigt zumindest für diese Pässe Alternativrouten. Außerdem bieten sich rechts und links der Route des Grandes Alpes einige Abstecher an. Entsprechend sinnvoll ist es, Planung und Durchführung einer RDGA-Tour in drei Abschnitte einzuteilen. Ist der Start noch wenig spektakulär, so eignet sich der in diesem Kapitel beschriebene erste Abschnitt von Thonon-les-Bains nach ***Beaufort*** doch schon glänzend als Aufwärmrunde.

Thonon-les-Bains ist, wie der Name schon verrät, ein französischer Kurort. Malerisch am Ufer des Lac Léman gelegen, lebt die Gemeinde vom Glanz vergangener Zeiten – und im Schatten des deutlich mondäneren ***Evian-les-Bains***, auch bekannt durch seine

Mineralwasserquelle, die in Frankreich auf kaum einem Essenstisch fehlt. Die Hotellerie ist wenig überzeugend, da gibt es außerorts bessere Offerten. Und wer es wirklich malerisch zum Tourauftakt mag, der weicht ins

Erste Höhenluft lässt sich auf den Col de la Colombière schnuppern.

rund zwölf Kilometer westlich gelegen Yvoire aus. Der mittelalterliche Dorfkern und die Lage auf einer in den See ragenden Landzunge machen es zu einem beliebten Anziehungspunkt am Südufer des Genfer Sees.

D902 – dieses Kürzel sollte sich merken, wer die RDGA befahren möchte. Es bezeichnet die Straße, über die zumeist auch die RDGA-Route führt. Zwar ist es nicht auf den ganzen knapp 700 Kilometern durchgängig so gehalten, aber auf einem guten Teil davon. Allerdings ist ausgerechnet im ersten Drittel ein größeres Durcheinander mit anderen Straßennummern zu verzeichnen, so dass der Verlauf der RDGA nicht immer ganz einfach zu verfolgen ist.

Französische Teufelsbrücke

Ihren Ausgangspunkt nimmt die D902 an einem üppigen Kreisverkehr im Zentrum von Thonon. Schnell ist das *Tal der Dranse* erreicht, und nach nur 15 Kilometern verführt doch tatsächlich ein erstes Highlight den einen oder anderen schon wieder zu einem längeren Aufenthalt. Wer mag, kann sich hier durch die extrem schmale Schlucht *Gorges du Pont du Diable* führen lassen. Für die gut anderthalbstündige Wanderung ist aber passendes Schuhwerk eine Grundvoraussetzung. In klobigen Motorradstiefeln macht der beeindruckende Abstecher zu dem tiefen Einschnitt ins Marmorgestein nur wenig Freude.

Nach rund 60 Kilometern, die auch über den ersten, allerdings noch recht unscheinbaren Pass, den 1163 Meter hohen *Col des Gets*, führen, ist die Zufahrt zum *Col de la Colombière* erreicht. Der bereits 1613 Meter hohe Übergang ist das erste Highlight entlang der offiziellen Route des Grandes Alpes. Er steigt von *Cluses* aus auf sei-

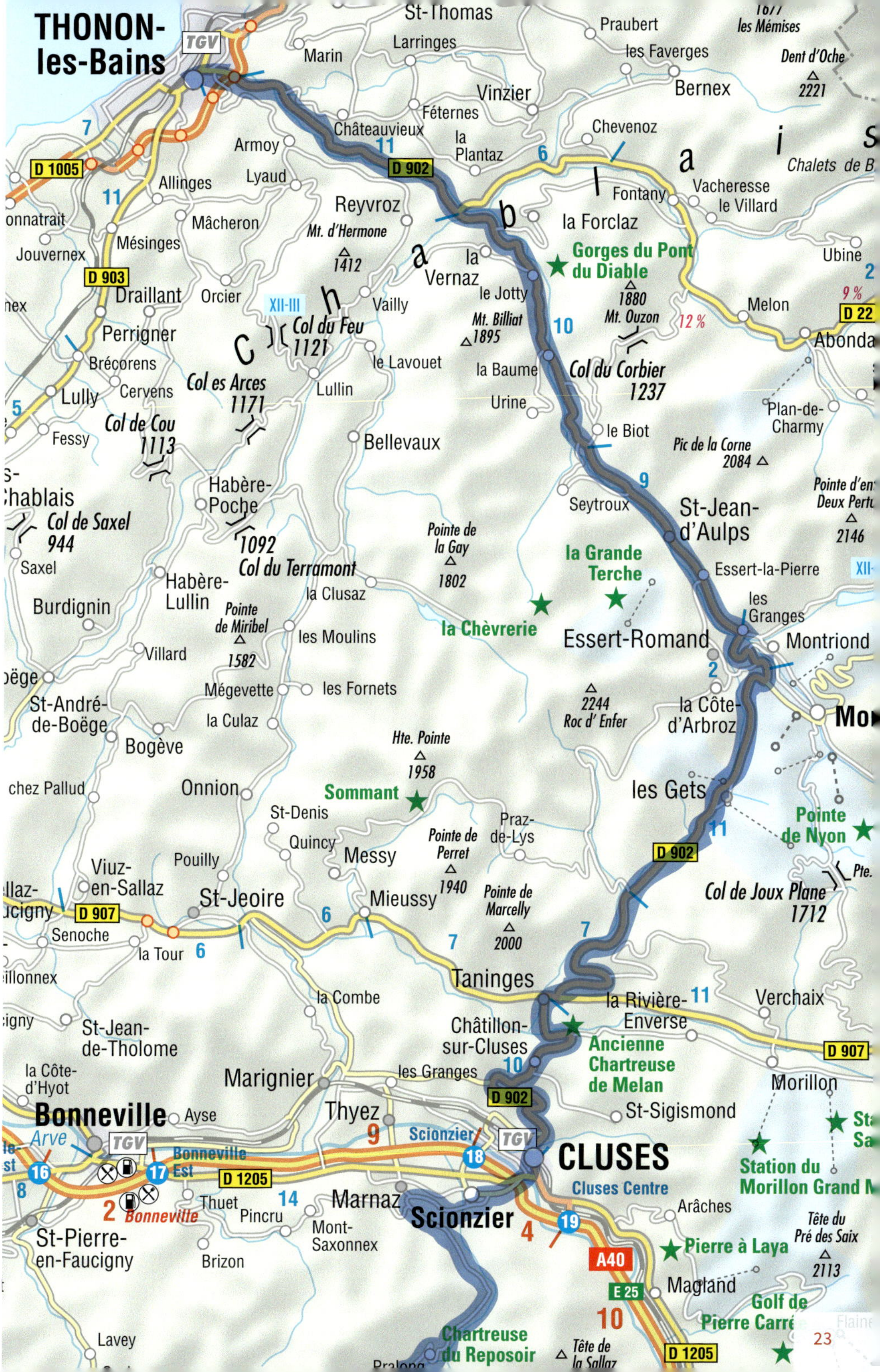
THONON-les-Bains
TGV
St-Thomas
Marin
Larringes
Praubert
les Faverges
les Mémises
Dent d'Oche
2221
Bernex
Vinzier
Féternes
Châteauvieux
Armoy
la Plantaz
Chevenoz
Chablais
Chalets de B
D 1005
D 902
Allinges
Lyaud
Reyvroz
Fontany
Vacheresse
le Villard
onnatrait
Mâcheron
Mt. d'Hermone
1412
la Forclaz
Jouvernex
Mésinges
la Vernaz
Gorges du Pont du Diable
Ubine
D 903
Draillant
Orcier
XII-III
Vailly
le Jotty
1880
Mt. Ouzon
12 %
9 %
Melon
D 22
Perrigner
Col du Feu
1121
Mt. Billiat
1895
Col du Corbier
1237
Abonda
Brécorens
le Lavouet
la Baume
Lully
Cervens
Col es Arces
1171
Lullin
Urine
Plan-de-Charmy
Col de Cou
1113
Fessy
Bellevaux
le Biot
Pic de la Corne
2084
Chablais
Col de Saxel
944
Habère-Poche
1092
Col du Terramont
Seytroux
St-Jean-d'Aulps
Pointe de la Gay
1802
Pointe d'en Deux Pertu
2146
Saxel
la Grande Terche
Essert-la-Pierre
Habère-Lullin
la Clusaz
les Granges
Burdignin
Pointe de Miribel
1582
les Moulins
la Chèvrerie
Essert-Romand
Montriond
Villard
Mégevette
les Fornets
2244
Roc d' Enfer
la Côte-d'Arbroz
St-André-de-Boëge
la Culaz
Bogève
Hte. Pointe
1958
chez Pallud
Onnion
Sommant
les Gets
St-Denis
Quincy
Messy
Pointe de Perret
1940
Praz-de-Lys
Pointe de Nyon
Viuz-en-Sallaz
Pouilly
St-Jeoire
Mieussy
Pointe de Marcelly
2000
Col de Joux Plane
1712
D 907
Senoche
la Tour
Taninges
la Combe
la Rivière-Enverse
Verchaix
St-Jean-de-Tholome
Châtillon-sur-Cluses
Ancienne Chartreuse de Melan
la Côte-d'Hyot
Marignier
les Granges
Morillon
Bonneville
Ayse
Thyez
St-Sigismond
Arve
Scionzier
CLUSES
Station du Morillon Grand M
Bonneville Est
D 1205
Cluses Centre
Bonneville
Thuet
Pincru
Marnaz
Scionzier
Arâches
St-Pierre-en-Faucigny
Mont-Saxonnex
Pierre à Laya
Tête du Pré des Saix
2113
Brizon
A40
E 25
Magland
Golf de Pierre Carré
Lavey
Chartreuse du Reposoir
Tête de la Sallaz
D 1205

Auch in den französischen Alpen muss stets mit frei laufendem Weidevieh gerechnet werden.

ne Passhöhe an und findet sein Ende in *St-Jean-de-Sixt*.

Es gibt allerdings zwei mögliche Zufahrten. Die D4 ist gut ausgebaut und soll vor allem Wintersportlern einen schnellen Zugang zu den Pisten und Loipen rund um die Passhöhe bieten. Motorradfahrer werden die rund 16 Kilometer lange Alternative über die etwas versteckt liegende D119 bevorzugen, die sich in wilden Kurven bergan schlängelt, bevor sie sich in *Le Reposoir* wieder mit der Originalstrecke vereint. Knapp acht Kilometer weiter ist dann erst die Passhöhe erreicht. Sie liegt in offenem Gelände und erlaubt feine Weitblicke in die französischen Alpen.

Auf der Westrampe hinab nach zunächst *Le Grand-Bornand* und weiter nach St-Jean-de-Sixt sind einige unübersichtliche Kehren, vor allem aber gerne frei laufende Nutztiere zu

beachten – mitsamt ihren wenig erquicklichen Hinterlassenschaften. So ist der durchaus griffige Asphalt immer mal wieder flächendeckend mit Schafskötteln bedeckt. Da ist die zugehörige Herde meist nicht weit.

Abstecher nach Annecy

In St-Jean-de-Sixt – und damit noch vor dem Ende dieser ersten, auf der Originalroute auch nur 145 Kilometer langen Etappe – bietet sich ein lohnenswerter Abstecher nach Westen an. Der Lac d'Annecy lockt nicht nur mit seinem überaus ansehnlichen Gewässer, sondern auch mit ein paar ganz feinen Motorradstraßen an und abseits seiner Ufer.

Zunächst geht es über die D909 vorbei an *Thônes* in Richtung See. Ein erster Halt lohnt sich an der Burg Menthon-Saint-Bernard. Das trutzige Gemäuer wird seit über 1000 Jahren von der Familie Menthon bewohnt. Sie

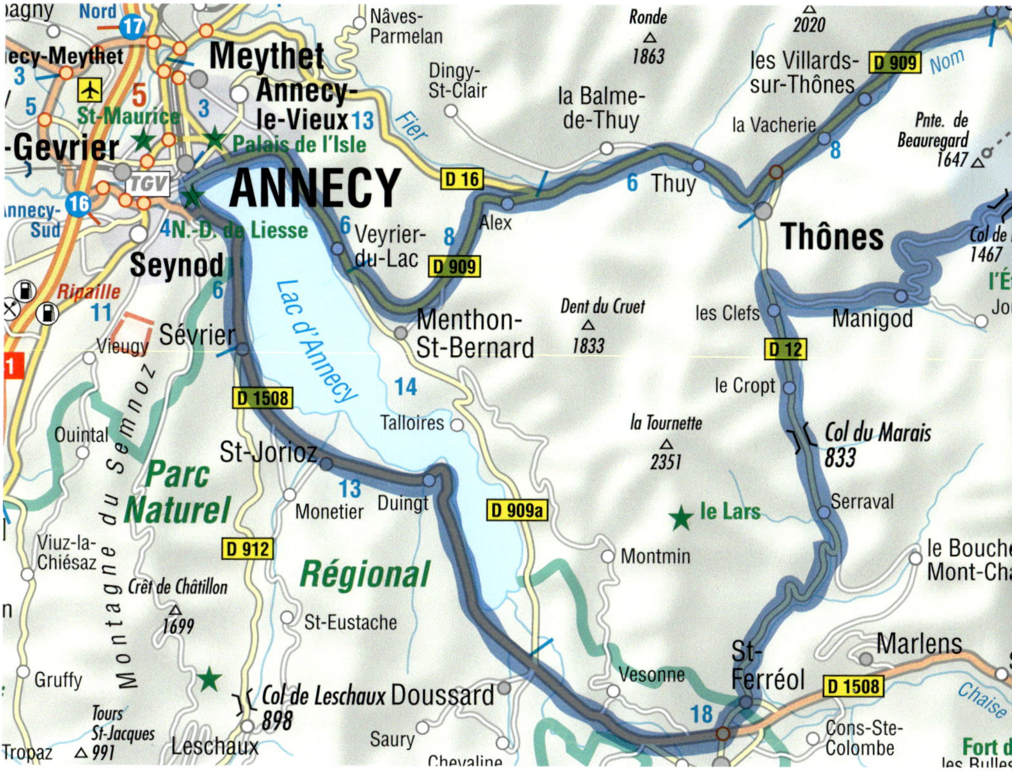

bieten Führungen an, allerdings nur im Hochsommer täglich am Nachmittag; in Vor- und Nachsaison ist ein Blick hinter die durchaus üppigen französischen Adelskulissen nur an Wochenenden möglich.

Selbst wer in blaublütiger Familienkunde nicht so firm ist, weiß mit dieser Familie etwas anzufangen, war es doch Bernard de Menthon, später heilig gesprochen, der auf den bekannten Pässen *Großer* und *Kleiner St. Bernhard* im frühen Mittelalter Hospize zum Schutz der Reisenden errichten ließ. Spuren davon können Reisende noch heute auf den Passhöhen entdecken. Nicht zuletzt deshalb wurden nach ihm auch die im 16. Jahrhundert erstmals eingesetzten Rettungshunde, die Bernhardiner, benannt.

Mittelalterliches Juwel

Am Ufer des Sees, dessen klares Wasser unter Tauchern Legende ist, muss zunächst einiges an Verkehr ertragen werden. *Annecy* ist eben beliebt – und hat als mittelalterliches Juwel auch darunter zu leiden. Dennoch gehört ein Besuch der prächtigen Altstadt mit ihren verwinkelten Gassen unbedingt dazu.

Am besten bricht man vom Hafen von Annecy, wo auch die Motorräder der Besucher immer einen sicheren

Parkplatz unter Dutzenden anderen Maschinen von Einheimischen finden, zu einer Entdeckungsrunde auf. Sie führt zunächst den Fluss entlang, vorbei an malerischen Häusern und historischen Brücken. Der Palais de l'Ille ist einen ersten Stopp wert. Wie ein mächtiges Schiff liegt das befestigte Gebäude auf einer Insel im *Le Thiou*. Was einst als Gefängnis diente, beherbergt heute ein regionales Museum.

Motorräder haben in Annecy ihre eigenen Parkplätze (oben). Kaffee schmeckt bei solchen Ausblicken gleich doppelt gut (rechts).

Die zahlreichen Kirchen von Annecy belegen, wie sehr sich hier das Leben einst um Religion und Macht drehte. Die Kathedrale, im 16. Jahrhundert zunächst als Franziskanerkirche errichtet, bietet zahllose Hinweise für die Verquickung kirchlicher und weltlicher Macht. Da sieht man den Bischof Francois de Sales vor den Vertretern des savoyischen Senats predigen. Der Prediger war nicht nur ein Mann des gesprochenen Wortes, sondern auch ein profilierter Schreiber und ist als Heiliger jetzt Schutzpatron der Journalisten und Autoren.

Die gut erhaltene Altstadt stammt aus der Zeit Annecys als Textilzentrum. Der einzige moderne Komplex des Stadtzentrums, sinnigerweise „Manufacture“ genannt, steht an der Stelle einer der ehemaligen Webereien, in denen die Ärmsten der Bevölkerung unter unmenschlichen Bedingungen schufteten. Wenn man an die architektonischen Sünden der französischen Republik in den letzten 50 Jahren denkt, muss man den Stadtvätern und Architekten auch hier großes Lob zollen: Das schice Wohn- und Geschäftsgebäude passt sich prächtig in die Fassade des umliegenden Konvents aus dem 19. Jahrhundert ein.

Um diesen Kern herum finden fast täglich bunte Märkte statt, auf denen man sich schon mal mit etwas Proviant eindecken kann. Besonders zu empfehlen sind die schmackhaften, luftgetrockneten Würste, die auch mit dem Motorrad unterwegs durchaus zur Befriedigung des kleinen Hungers dienlich sein können.

Steile Gassen zum Château

Steile Gassen führen schließlich zum Château hinauf. Für die kurze Zeit von seiner Gründung bis 1219 war es Sitz der Grafen von Genf. Danach wurde es nur sporadisch genutzt, zuletzt von einem Familienableger des savoyischen Herrscherhauses. Ab dem 17. Jahrhundert waren Soldaten die Hausherren in den Hallen, bis die Stadtväter dem Stadtmuseum einen passenden Rahmen verschafften.

Wer sich für eine Reise auf derRoute des Grandes Alpes etwas Zeit nehmen möchte – was wir eindringlich empfehlen – der kann Annecy auch zu einem ersten Übernachtungsstopp nutzen. Zwar lässt die Etappenlänge durchaus eine Befahrung an einem Tag zu. Die Sehenswürdigkeiten der schmucken Stadt am See genügen aber locker für einen spannenden Abend und den guten Teil des nächsten Vormittags.

Wie auch immer: Weiter geht es auf der westlichen Uferstraße, die immer mal wieder den Blick über das Gewässer auf die gegenüber liegende Bergkette freigibt. Und nach einer Dreiviertel-Umrundung des Sees muss man ja schließlich irgendwie wieder zur

Bei der Fahrt um den Lac d'Annecy tun sich immer wieder solche Ausblicke auf.

RDGA gelangen. Da bietet sich eine Umrundung des 2351 Meter hohen *La Tournette,* des höchsten Gipfels im *Bornes-Massiv*, doch geradezu an.

Auf der D12 geht es über *Saint-Ferréol* zunächst nach *Serraval* und weiter bis in die kleine Gemeinde *Les Clefs*. Hier zweigt die D16 zum 1467 Meter hohen *Col de la Croix Fry* ab. Seine Südwestrampe ist von prächtiger Einsamkeit mit tollen Kehren und hübschen Aussichten geprägt. Das Verbindungsstück zur RDGA im Nordosten hingegen führt bereits durch die weniger erbaulichen „Begleitumstände" der nächsten Kilometer.

Im Gebiet rund um den *Col des Aravis*, der auf 1486 Metern den gleichnamigen Gebirgszug überwindet, lassen sich manche wintersportlichen Bausünden entdecken. Die Strecke ist gut ausgebaut und bietet zügigen Fahrspaß mit nur wenigen Kehren. Und sie führt über das kleine Städtchen *Flumet* zu den nächsten Skigebieten, denen von Les Saisies.

Weilern aus ist zudem bei gutem Wetter freier Blick auf den *Mont Blanc* möglich.

Käsezentrum Beaufort

Weiter unten im Tal liegt Beaufort. Der kleine Ort gibt einer ganzen Region ihren Namen: Beaufortain. In der Umgebung befinden sich eine Handvoll Schlösser und Burgen aus dem 11. bis 15. Jahrhundert. Außerdem ist sie die Heimat der gleichnamigen Käsesorte. Die ist ein milder (jung) bis würziger (älter) Rohmilchkäse, der die Grundlage für zahlreiche regionale Rezepte bildet. Gemeinsam mit dem weiter nördlich produzierten Reblochon ist der Beaufort bestens für ein traditionelles savoyardisches Abendessen geeignet, das nach einer ersten Etappe auf der Route des Grandes Alpes den allfälligen Hunger stillt: das Raclette de Savoye. >

Beaufort ist nicht nur ein Ort, der Name steht auch für einen würzigen Alpenkäse.

Als dritter Pass auf dieser ersten RDGA-Etappe schwingt sich der ebenfalls gut ausgebaute *Col de Saisies* auf 1633 Meter empor und endet an der Skistation von Les Saisies. Der Vorteil dieser Infrastruktur: Hier und in der näheren Umgebung gibt es zahlreiche Übernachtungsmöglichkeiten, die andernorts an der RDGA schon mal rar gesät sein können. Von vielen der kleineren

Wenn es richtig stilvoll sein soll, werden die Pfännchen gefüllt mit Gemüse, Wurst, Schinken, Kartoffeln und was einem sonst so in den Sinn kommt dick mit dem würzigen Beaufort belegt. Dann kommen sie aber nicht unter irgendeinen Elektroheizer, sondern werden in einen mit glühender Holzkohle gefüllten Metallbottich geschoben. Ist der Käse geschmolzen, verbreitet er ein grandioses Aroma.

Das Savoier Raclette wird traditionell mit glühender Holzkohle bereitet.

Traditionelles Dinner

Dazu gehört der ebenfalls traditionelle Weißwein Savoyens: der Roussette. Er zeichnet sich durch seine strohgelbe Färbung und eine Fruchtigkeit aus, die besonders mit dem Aroma des Beaufort korrespondiert. In les Saisies gibt es einige rustikale Restaurants, die ein solches traditionelles Dinner anbieten. Danach ist wohl jeder auf dieser Hochalpentour angekommen – und darf sich im nächsten Abschnitt der Route des Grandes Alpes auf die Höhepunkte (im Wortsinne) dieser Reise freuen. ◀

INFOS ZUR TOUR

CHARAKTERISTIK

Zum Einstieg gibt sich die Route des Grandes Alpes noch moderat. Die ersten Pässe sind nicht mehr als ein Aufwärmprogramm für folgende Großtaten. Die Runde um den **LAC D'ANNECY** sollte möglichst nicht an einem Wochenende unternommen werden. Dann kann es – auch in der Nebensaison – ziemlich stauen.

PÄSSE DER TOUR

Col des Gets (46.160276, 6.668959)	1165 m
Col de la Colombière (45.992131, 6.475754)	1613 m
Col du Marais (45.824105, 6.333897)	833 m
Col de la Croix Fry (45.876571, 6.401403)	1467 m
Col des Aravis (45.872052, 6.465326)	1486 m
Col des Saisies (45.760338, 6.533561)	1633 m

ÜBERNACHTUNG

Hôtel Restaurant Le Jules Verne
Rue du Port, F-74140 Yvoire
Sehr schöne Zimmer in perfekter Lage am Seeufer des Lac Léman. **www.hoteljulesverne.com**
GPS 46.37081, 6.32450

Hotel Beauregard
691 Route d'Albertville, F-74320 Sévrier
Wer dem Trubel im Herzen von Annecy nachts entgehen möchte, findet ein ruhiges, hübsches Domizil in diesem Hotel. Wer Seeblick genießen möchte, sollte unbedingt vorausbuchen!
www.hotel-beauregard.com
GPS 45.87712, 6.14168

Logis Hotel du Doron
Route de Beaufort, F-73720 Beaufort
Einfaches Haus mit Extraservice für Motorradfahrer (Garage). **www.hotel-gambetta.com**
GPS 45.71706, 6.57427

KOMBINATIONSMÖGLICHKEITEN

Die wichtigste Kombination ist natürlich der direkte Anschluss an unsere Tour 2, der Fortsetzung der Route des Grandes Alpes. Wer in der Gegend verweilen möchte, kann das aber auch in Verbindung mit den Touren 4 und 5 tun. Die Einstiege in die jeweiligen Etappen sind nicht weit von Beaufort entfernt.

Alpine **Festung**

Am Kreuzweg wichtiger Verkehrsadern, umgeben von prächtigen Dreitausendern, liegt die monumentale Festungsstadt Briançon – eine von Europas höchstgelegenen Stadtanlagen.

Von der Oberstadt aus eröffnet sich in Briançon ein weiter Blick auf das alpine Umland.

Die Alpen sind nicht gerade arm an strategisch günstigen Lagen. Doch Briançon, der französischen Hochalpenstadt, in der sich die Wege aus Gap, Grenoble und Turin kreuzen, kam schon von jeher eine besondere Rolle zu. Kaum irgendwo sonst konnten die wichtigen Handelswege, zunächst zwischen Savoien und der Dauphine, später zwischen Frankreich und Italien, so dominierend kontrolliert werden wie auf den Felsen über der reißenden **DURANCE**.

Zu Anfang und noch einmal am Ende des 17. Jahrhunderts fiel die Stadt großen Feuersbrünsten fast vollständig zum Opfer. Der anschließend initiierte Wiederaufbau ließ wehrhafte Festungen rund um den Ort entstehen. Der französische Baumeister Vauban wurde mit dem Wiederaufbau beauftragt. Etliche seiner in Frankreich bis heute prägenden Festungsanlagen sind als **UNESCO WELTKULTURERBE** deklariert worden – so bereits 2008 auch Briançon.

Vier gewaltige Forts, die mächtige Stadtmauer, ein Signalturm und eine gewagte Brückenkonstruktion über der Durance entstanden nach Vorlagen des 1707 verstorbenen Meisters, der zu Recht als der bedeutendste Militärarchitekt der Barockzeit gilt. Damit bescherte er Briançon einen kulturhistorischen Status sondergleichen.

Am besten erhalten ist bis heute das **FORT DES SALETTES**, das der Überwachung der Straße nach Turin diente. Für die **PONT D'ASFELD**, die Verbindung von Fort und Stadt, hatte sich Vauban eine Zwei-Bogen-Konstruktion vorgestellt. Da der Bau aber erst mehr als 20 Jahre nach seinem Tod begann, entschieden seine Nachfolger sich für eine gewagte Ein-Bogen-Brücke mit 40 Metern Spannweite – 55 Meter über der Durance. Beide Anlagen sind sehenswert.

Ein spannendes Reiseziel

Auch die Stadt selbst hat Besuchern reichlich zu bieten. In **QUARTIER SAINTE CATHERINE** (Unterstadt) und **CITÉ VAUBAN** (Oberstadt) aufgeteilt, enthält vor allem letztere interessante Bauwerke, angenehme Unterkünfte und zahlreiche Restaurants, die regionale Spezialitäten kredenzen. Die alles überragende **STIFTSKIRCHE** mit ihren zwei markanten Türmen aus dem 18. Jahrhundert ist dabei Pflicht, ebenso die **L'EGLISE DES CORDELIERS**, in der sich Fresken aus dem 14. und 15. Jahrhundert befinden.

300 Sonnentage im Jahr lassen den Einsatz von Sonnenuhren in Briançon sinnvoll erscheinen.

Eine Besonderheit Briançons sind ganz sicher die **GARGOUILLES**: Nach den Feuersbrünsten wurden zwei offen auf den Straßen verlaufende Wasserkanäle angelegt, die zukünftige Brände besser eindämmen sollten. Entlang dieser „Adern" spielt sich denn auch bis heute das bunte tägliche Leben ab.

Neben den Stein gewordenen Plänen Vaubans weiß der alpine Höhenluftkurort noch mit ganz anderen Werten zu reizen. 300 Sonnentage im Jahr setzen Briançon dank eines einzigartigen Mikroklimas auf eine Stufe mit der weit südlicher gelegenen Côte d'Azur und sind sicher ausschlaggebend dafür, dass im Ortszentrum Dutzende **SONNENUHREN** ihren Dienst versehen.

Fünf Täler und ihre Flüsse, die unmittelbare Nähe zum **NATIONALPARK ÉCRINS** und dem Naturreservat des Queyras sowie eine von Gletschern geprägte Gebirgslandschaft machen die Umgebung zudem ganzjährig zu einem alpinen Motorradtouren-Ensemble erster Güte. ◀

INFORMATIONEN gibt es auf einer französischsprachigen Internetseite:
www.briancon-online.com

Pässe-Perlen auf der Schnur

Der zweite Abschnitt der Route des Grandes Alpes zwischen dem Beaufortain und Barcelonnette ist gleichsam ihr Filetstück – und das nicht nur für Pässefans! Traumhafte Gebirgslandschaften, wie um den Lac de Roselend, wechseln sich mit den konstant hohen Gipfeln und ebensolchen Pässen ab.

Bei der Auffahrt zum Scheitel des Galibier kann man auch einen Blick auf die neue Tunnelstrecke werfen.

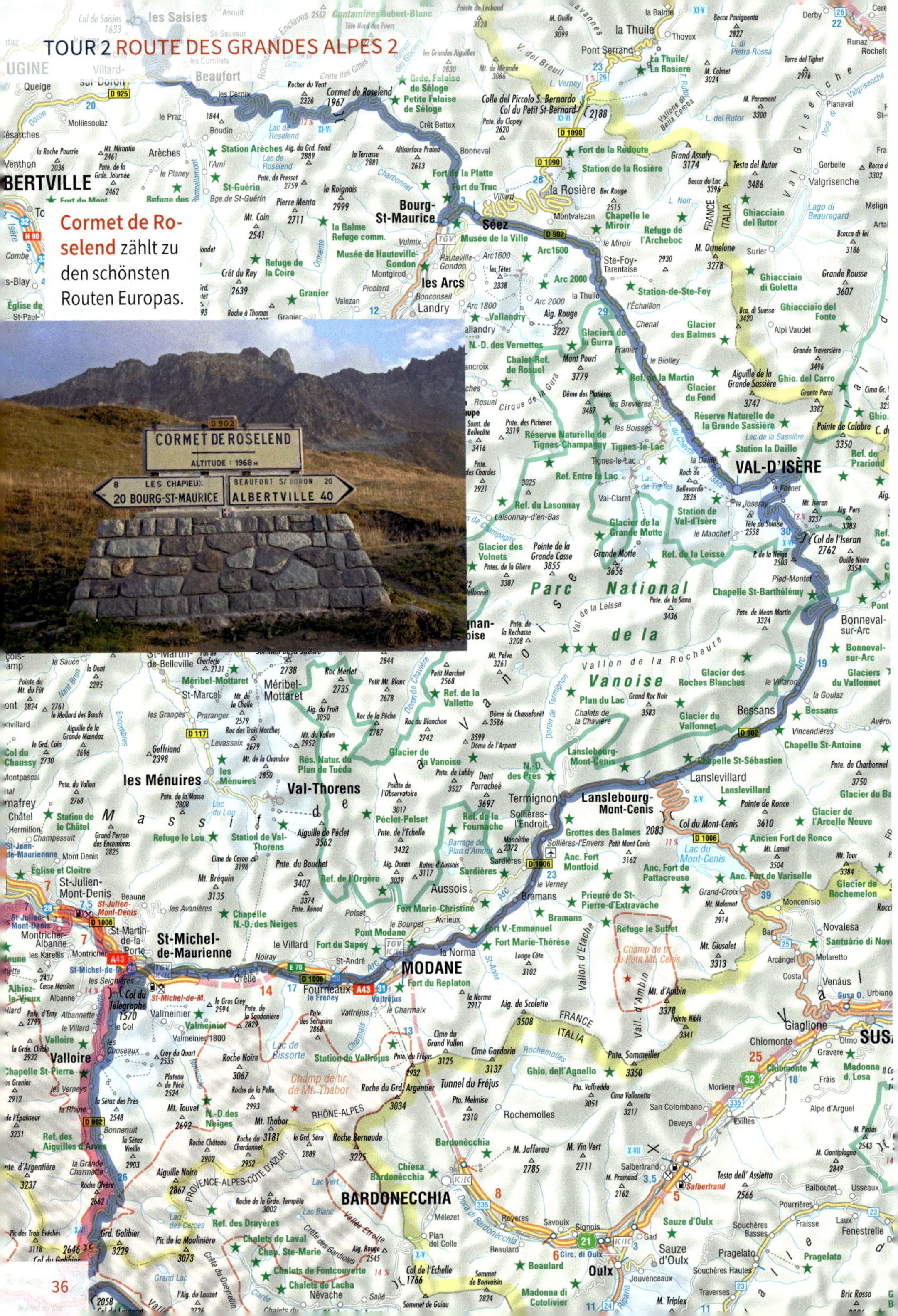

Cormet de Roselend zählt zu den schönsten Routen Europas.

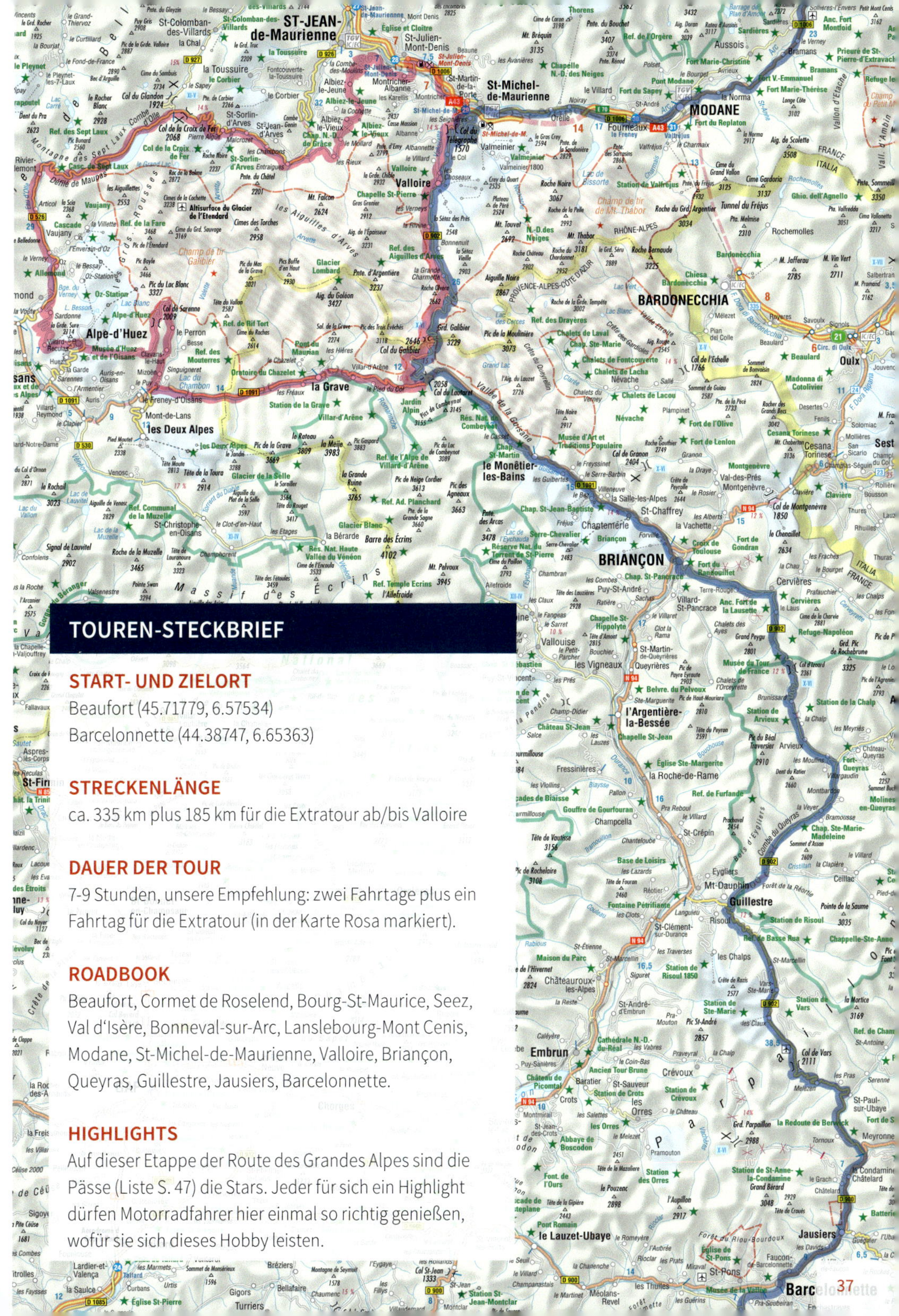

TOUREN-STECKBRIEF

START- UND ZIELORT

Beaufort (45.71779, 6.57534)
Barcelonnette (44.38747, 6.65363)

STRECKENLÄNGE

ca. 335 km plus 185 km für die Extratour ab/bis Valloire

DAUER DER TOUR

7-9 Stunden, unsere Empfehlung: zwei Fahrtage plus ein Fahrtag für die Extratour (in der Karte Rosa markiert).

ROADBOOK

Beaufort, Cormet de Roselend, Bourg-St-Maurice, Seez, Val d'Isère, Bonneval-sur-Arc, Lanslebourg-Mont Cenis, Modane, St-Michel-de-Maurienne, Valloire, Briançon, Queyras, Guillestre, Jausiers, Barcelonnette.

HIGHLIGHTS

Auf dieser Etappe der Route des Grandes Alpes sind die Pässe (Liste S. 47) die Stars. Jeder für sich ein Highlight dürfen Motorradfahrer hier einmal so richtig genießen, wofür sie sich dieses Hobby leisten.

Stärkung tut Not, denn schon für die ersten Kilometer dieses Abschnitts über den *Cormet de Roseland* sollte man sich nicht nur ausgiebig Zeit nehmen. Hier bietet sich der eine oder andere Abstecher zu Fuß in die wild-romantische Landschaft an,

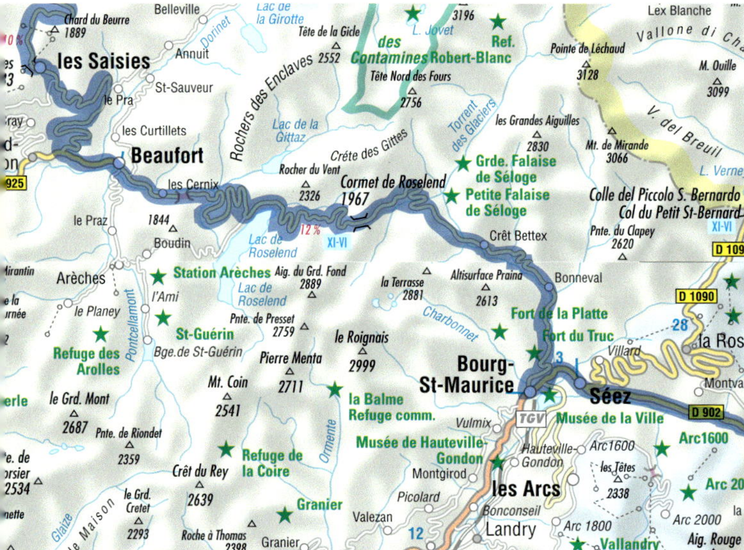

dort lockt eine Erfrischung im klaren, aber kalten Gebirgsbach. Und zu alledem ist es auch noch eine der schönsten Alpenstraßen, die Frankreich aufzuweisen hat.

Die Wintersperre auf dem 1967 Meter hohen Pass gilt zumeist nur von Dezember bis April, also relativ kurz für die sonstigen Verhältnisse in den französischen Hochalpen. Zu verdanken haben wir die meisterliche Streckenführung im Prinzip, wie nicht selten in den Alpen, einer ehemaligen Großbaustelle. Der so wunderbar türkis im Sonnenlicht schimmernde Lac de Roselend ist nämlich ein erst in den 1950er Jahren errichteter Stausee. Die jetzige Straße an ihm vorbei und über den Pass wurde zunächst als Zufahrt zur Baustelle angelegt. Zwar bestand von Osten her eine Auffahrt auf die Passhöhe, die war aber bis 1960 nicht mit dem Beaufortain verbunden.

Tipp für Schotterfans

Erreicht man den See auf der *Route des Grandes Alpes*, so zweigt kurz

Die Auffahrt zum Cormet de Roselend führt vorbei an einem türkis schimmernden Stausee, dem wir den Bau der Straße zu verdanken haben.

vor dem Chalet de Roseland ein kleine Uferstraße ab. Unmittelbar nach dem Abzweig befindet sich der Scheitel des *Col de Méraillet*, der aber nicht Teil der offiziellen RDGA ist. Die Strecke führt weiter am See entlang und mündet dann in die Südrampe des *Col du Pré* ein. Der schmale, aber durchgehend asphaltierte Pfad führt über eine auf 1703 Metern liegende Passhöhe mit gigantischer Aussicht auf den See weiter nach *Arêches* – und damit zu einer für Schotterfans interessanten Alternative zum Cormet de Roselend: dem *Cormet d'Arêches*.

Die in weiten Teilen unbefestigte Route verläuft parallel und westlich zur RDGA, mündet dann aber nach einigen durchaus herausfordernden Abschnitten und knapp 30 spannenden Kilometern, die bis auf 2108 Meter ansteigen, in die D86, die schließlich in *Bourg-Saint-Maurice* wieder auf die Originalstrecke führt.

Kleines Kehrenfeuerwerk

Wer auf dieser verblieben ist – die übrigens ab der Roselend-Passhöhe wieder D902 als Bezeichnung führt –, wird mit einem kleinen Kehrenfeuerwerk hinab nach Bourg-Saint-Maurice belohnt. Hier hat man dann auch die *Savoyer Alpen* hinter sich gelassen und fährt nun in das zu weiten Teilen von einem prächtigen Nationalpark geschützte *Vanoise-Massiv* hinein.

Die von über 40 Dreitausendern geprägte Hochgebirgsregion dehnt sich auf 528 Quadratkilometern aus. Davon sind noch etwa ein Zehntel vergletschert. Kein Wunder, dass sich die durch dieses Gebiet kämpfende Route des Grandes Alpes hier des höchsten asphaltierten Alpenübergangs bedienen muss, um diese Gebirgsbarrikade zu überwinden.

Schon der Anfahrt von *Seéz* nach *Val-d'Isère* kann man Passstraßen-Charakter attestieren, weist sie doch

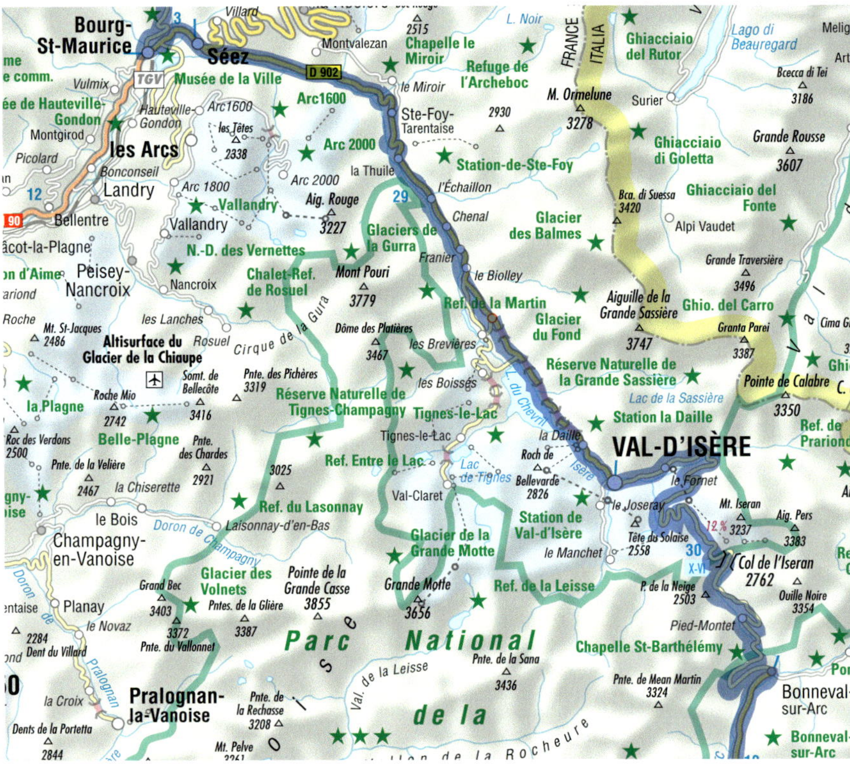

Col de l'Iseran ist der höchste asphaltierte Pass der Alpen. Die gemessene Höhe beträgt 2764 Meter – auch, wenn die Beschilderung am Pass anders lautet.

Steigungen zwischen sieben und zwölf Prozent auf. Die Angebote des bekannten Wintersportortes sollten dann auf jeden Fall für eine Pause genutzt werden. Auch lässt sich hier noch schnell das Bergwetter überprüfen, bevor man sich an den Anstieg zum Iséran gibt. Fast 1000 Höhenmeter stehen auf den nächsten 15 Kilometern an – ein ganz besonderer Moment für jeden Erstbezwinger.

Wetterscheide am Iséran

Wenn das Wetter mitspielt, bieten sich am Pass selbst traumhafte Ausblicke auf eine faszinierende Gletscherwelt, wie sie in dieser Intensität selten geworden ist in den Alpen. Allerdings entpuppt sich der *Col de l'Iséran* häufig als Wetterscheide, so dass in dieser Höhenlage mit schnellen Wechseln stets zu rechnen ist.

Es ist also stets auch ein kleines Abenteuer, eine Fahrt auf der Nordrampe auf die 2764 Meter hoch gelegene Passhöhe des Col de l'Iséran. Ihn zu erklimmen und irgendwann einer hoffentlich strahlenden Sonne ins Gesicht zu blicken ist für jeden Motorradfahrer ein Traum. Wie zum Lohn für die Befahrung ergibt sich auf dem Scheitel mit der Natursteinkapelle ein attraktives Fotomotiv, das in keiner Pässesammlung fehlen sollte.

Nach den wilden Kehren der Südrampe sollte man unbedingt auf einen Kaffee und vielleicht ein deftiges Mittagessen im urig-hübschen Alpendorf ***Bonneval-sur-Arc*** einkehren. Es zählt zu Frankreichs schönsten Dörfern, wozu sicher auch die massiven Natursteinhütten mit ihrem ganz eigenen alpinen Charakter beitragen. Dann geht es auf diesem jüngsten Ab-

Bonneval markiert das südliche Ende des Col de l'Iseran (oben).

schnitt der RDGA, der erst 1937 die endgültige durchgehende Verbindung zwischen *Genfer See* und *Mittelmeer* sicherstellte, ziemlich entspannt der Maurienne entgegen. Rechter Hand türmen sich die Gipfel des Nationalparks Vanoise auf, linker Hand verläuft die Grenze zu Italien stets parallel.

Wem es zeitlich in sein Vorhaben passt, der sollte in *Lanslevillard* kurzerhand links abbiegen und noch den 2 083 Meter hohen *Col du Mont Cenis* ansteuern. Dessen Scheitel liegt kurz vor dem malerischen Lac du Mont Cenis, einem sehenswerten Gebirgsgewässer. Auch, wenn es dieselbe Strecke ist: Die knackige Auffahrt vom wie auch die Abfahrt zurück ins Arc-Tal mit ihren prächtigen Ausblicken auf das Vanoise-Massiv sind die gut 20 Mehrkilometer wert.

Dem weiteren Verlauf der RDGA folgend, zweigt die Route dann in *Saint-*

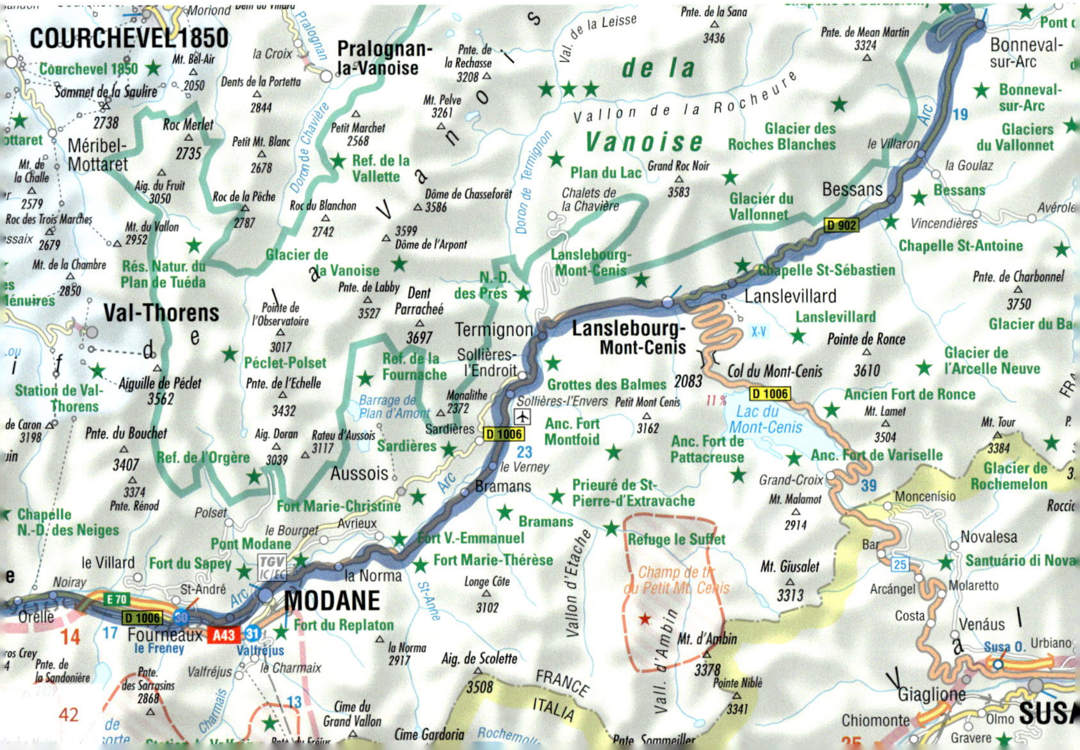

Michel-de-Maurienne links ab und verabschiedet sich aus diesem Tal. In wilden Schwüngen lädt der 1570 Meter hohe *Col du Télégraphe* zu vergnüglicher Eroberung ein. *Valloire*, das Tor zum nächsten Highlight, dem *Galibierpass*, ist nicht nur ein perfekter Platz für eine Übernachtung, die in diesem Mittelstück der RDGA zusätzlich nötig ist. Auch kulturell hat der Ort einiges zu bieten, zählt die kleine Gemeinde doch zu den barocken Perlen der Region Auvergne-Rhône-Alpes, die gleichzeitig hier ihr Ende findet.

Es geht in die Seealpen

Denn über die nun folgenden 25 Kilometer mit der Galibier-Passhöhe von 2645 Metern als Highlight wechseln nicht nur die Regionen, sondern gleich das Gebirge: Es geht von den Hoch- in die Seealpen, hinein nach Provence-Alpes-Côte d'Azur.

An dieser Stelle darf auch überlegt werden, ob man nicht die Gelegenheit nutzen möchte, um noch weitere knackige Pässe der Region zu befahren. Die RDGA bietet mancherorts Anlass zu einem spektakulären Tagesausflug – so auch hier. Man ist ja nicht alle Tage in den französischen Hochalpen unterwegs.

Der Galibier zählt schließlich zu den feinsten Pässen der Westalpen. Warum sollte man ihn da nicht gleich zwei Mal befahren – und zwar einmal in jede Richtung? Und gleich noch ein paar andere feine Pässe dazu … >

Am Galibier geht es in die Seealpen über (oben). Der Col de Sarenne ist kaum bekannt (unten).

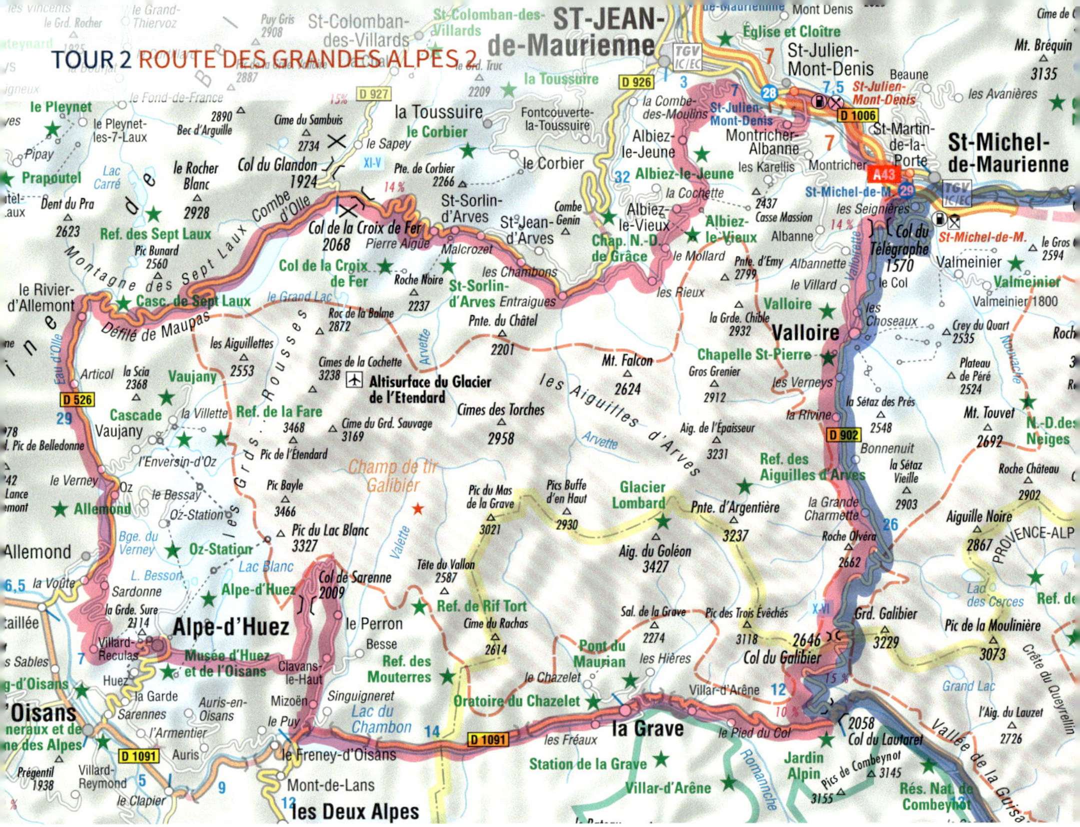

Einsame Strecken gibt es auch entlang der RDGA (unten). Motorrad-Gendarmerie am Col du Lautaret (rechts).

Für dieses Unterfangen beginnt man den „Extratag“ zunächst wieder mit einer Abfahrt ins *Maurienne-Tal*, dem man in Folge bis kurz vor *Saint-Jeanne* folgt. Diese Extratour schwenkt hier auf die D80 ab, die in 46 eng aufeinander folgenden Kehren auf den *Col du Mollard* treibt, bis sie nach gut 25 spektakulären Kilometern auf die Zufahrt zum *Col de la Croix Fer* trifft.

Pässesammler können sich im Anschluss an diesen durchaus noch den Abstecher zum *Col du Glandon* gönnen, dessen Passhöhe nur wenige Meter hinter dem Abzweig von der Route liegt.

Am Lac du Verney zweigt zunächst die D44 ab und von dieser die D448. Die schmale Straße führt um das Bergmassiv herum

nach *Huez*, und damit zu einer weiteren Tour de France-Legende. Auf den letzten der gut ausgebauten Serpentinen, an der sich schon manche der großen Frankreich-Schleifen entschied, geht es bergwärts.

Unbekannter Col de Sarenne

Viele wenden hier und fahren ins Tal, nach *Le Bourg-d'Oisans*. Dabei liegt hinter dem Heliport der Bergrettung etwas verborgen und unscheinbar die Zufahrt zum *Col de Sarenne*, den selbst erfahrene Frankreich-Reisende nur selten auf ihrer Liste haben.

Das mag auch daran liegen, weil der Belag kaum zügiges Fahren zulässt. Betonplatten mit teilweise tiefen Ablaufrinnen schwingen sich durch die Landschaft Richtung Passhöhe, die nur einen Meter unter der 2000er Marke bleibt. Erst auf der Abfahrt nach *Mizoën* am *Lac du Chambon* kommt Fahrspaß auf – da aber richtig. Weil der Pass in den letzten Jahren auch Teil der Tour de France war, ist hier einiges, gerade im Bereich der teilweise engen Kehren, getan worden.

Anlauf zum Col du Galibier

Die folgenden 30 Kilometer zum *Col du Lautaret* sind dank besten Straßenausbaus schnell überwunden – jedenfalls, wenn die Großbaustelle am Tunnel des Lac du Chambon fertiggestellt ist. Abschließend nimmt die Route Anlauf zum *Col du Galibier*, mit 2645 Metern der zweithöchste

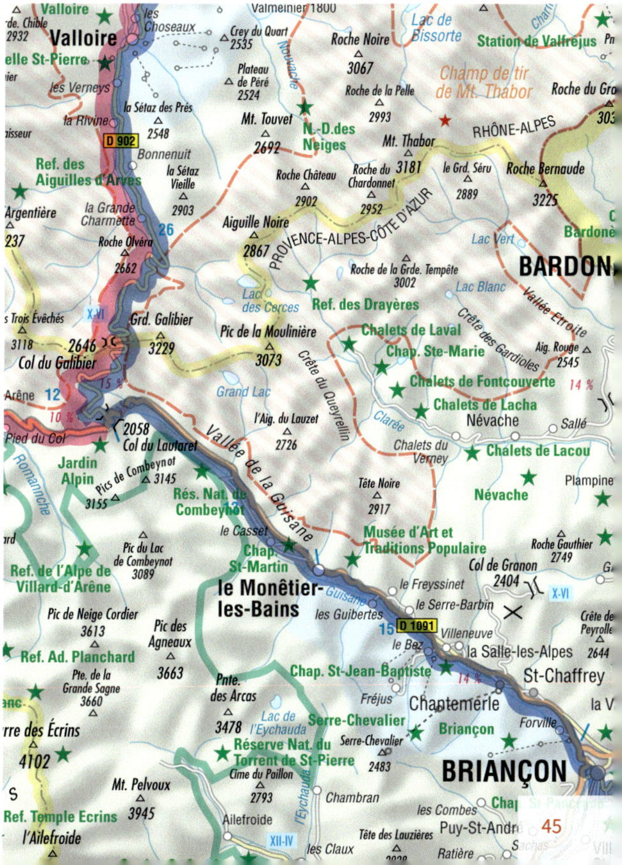

Die Nordrampe am Col d'Izoard zählt zu den schönsten Strecken in den französischen Alpen.

Punkt der RDGA. Bei der Weiterfahrt am nächsten Tag lässt sich dann eindrucksvoll feststellen, wie unterschiedlich ein Pass abhängig von der gewählten Fahrtrichtung sein kann.

Der Col du Lautaret markiert in Gegenrichtung den Endpunkt der bereits 1876 erbauten Galibierstraße. Von hier aus ist wiederum ***Briançon***, die markante Festungsstadt, schnell erreicht. Ein Großbrand zerstörte zum Ende des 17. Jahrhunderts die heutige Oberstadt. Wegen ihrer strategisch wichtigen Lage zu Italien wurde der legendäre Festungsarchitekt Vauban mit ihrem Neuaufbau betraut. Er ließ ein stark ausgebautes Festungssystem errichten, das neben der Oberstadt und einer Zitadelle auch mehrere kleinere Festungen umfasste und biss heute Bestand hat.

Landschaftliche Dramatik

In Briançon zweigt allerdings auch die Zufahrt zu einem der, wenn nicht dem schönsten Pass der französischen Alpen ab, dem *Col d'Izoard*. Zwar erreichen seine 2 360 Meter nicht die luftigen Höhen der Vorgänger an der RDGA, dafür ist er an landschaftlicher Dramatik kaum zu übertreffen.

Im Norden baut sich das Geschehen um einen herum langsam auf. Ein alpines Hochtal ist über Kilometer malerischer Hintergrund für die Fahrt. Mit Erreichen der Waldflächen kommen auch die Kehren und Kurven ins Spiel, die den Izoard so überaus unterhaltsam machen. Am Refugé Napolèon wachsen sich die Kurven zu extrem weiten Schwüngen, eingebettet in einen Gebirgslandschaftstraum, aus.

Auf der Passhöhe steht die Bruchsteinsäule, die nicht nur die Höhenangabe des Passes ziert, sondern auch eine Erinnerungsplakette an die Entstehung der Route des Grandes Alpes. Und dann geht der Traum erst richtig los …

Völlig unvermittelt wird aus dem bis dato grün gefärbten Saum der Straße eine Art Mondlandschaft mit dem bezeichnenden Namen *Casse Déserte*. Der sonst solide Fels ist hier verwittert, Niederschläge haben eine unwirkliche, zerstörerische Kraft entfaltet. Der Abraum liegt wie eine graue Pulverschicht über den Mulden und Senken, aus denen Felsnadeln herausragen. Und mittendurch verläuft die Route des Grandes Alpes.

Höchste Gemeinde

So abrupt, wie der Spuk begonnen hat, findet er im *Queyras* sein Ende. Bevor es an den Schlussspurt auf diesem Teilstück geht, sei hier noch ein Abstecher nach *Saint-Véran* empfohlen. Mit seiner Höhe von 2 040 Metern ist

Barcelonnette bietet eine gute Infrastruktur für Motorrad-Reisende.

der malerische Ort die höchstgelegene selbständige Gemeinde Europas. Das gesamte Gemeindegebiet erstreckt sich von 1756 bis 3 175 Meter Höhe. Neben einer denkmalgeschützten Kirche sind rund 20 Wandsonnenuhren aus der Renaissancezeit an Fassaden über das ganze Dorf verstreut zu entdecken.

Saint-Véran ist Europas höchst gelegene Gemeinde.

Einziger Nachteil: Von einem tiefer liegenden Parkplatz aus muss man das alpine Kleinod zu Fuß erobern. Doch ein ganz wunderbares Bergrestaurant mit herzhafter Hochgebirgsküche entschädigt für die Mühe.

Wen die nicht immer friedfertige Geschichte dieser Alpenregion interessiert, der findet in ***Château Queyras*** mit dem gleichnamigen Fort eine weitere Festungsanlage von Bedeutung. Zwischen Château-Queyras und ***Guillestre*** verläuft zunächst die ***Combe du Queyras***, eine gut zwölf Kilometer lange malerische Schlucht, die von der RDGA durchzogen wird. Ein letzter Pass, der 2 109 Meter hohe ***Col du Vars***, und bald darauf ist mit ***Barcelonnette*** das Ziel dieser rund 335 Kilometer langen Hochalpen-Etappe erreicht.

Basislager Barcelonnette

Der schmucke Ort ist erste Wahl, wenn es um einen Übernachtungsplatz entlang der Route geht. Die Hotelauswahl ist gut, auf dem Marktplatz herrscht buntes Treiben – auch, weil ein paar sehr nette Restaurants ihn säumen. Und von hier aus lassen sich gleich mehrere Zusatzetappen einlegen, die nicht zum Streckenverlauf der Route des Grandes Alpes gehören, etwa zum 2 715 Meter hohen ***Col de la Bonette*** und seiner 2 802 Meter hoch gelegenen Gipfelrunde. Eine Anleitung dazu gibt es im folgenden Kapitel zum dritten Abschnitt der Route des Grandes Alpes. ◀

INFOS ZUR TOUR

CHARAKTERISTIK

Das Mittelstück der Route des Grandes Alpes weist auf seinen etwas mehr als 330 Kilometern sieben Pässe mit 8 500 Höhenmetern auf. Wintersperren beachten! Infos: **www.alpenpaesse.de**

PÄSSE DER TOUR

Cormet de Roselend (45.69132, 6.69066)	1967 m
Col de l'Iséran (45.41717, 7.03071)	2 764 m
Col du Télégraphe (45.20251, 6.44438)	1566 m
Col du Galibier (45.06409, 6.40782)	2 645 m
Col du Lautaret (45.03575, 6.40483)	2 058 m
Col d'Izoard (44.81974, 6.73498)	2 360 m
Col de Vars (44.53885, 6.70278)	2109 m

ÜBERNACHTUNG

Le Grand Hôtel

6 Place Manuel, F-04400 Barcelonnette
Hübsches Haus direkt am Hauptplatz des Ortes mit einfachen Zimmern, aber bester Lage. Motorräder der Gäste verschwinden über Nacht in einer Garage. **www.grand-hotel-barcelonnette.fr**
GPS 44.38775, 6.65352

Christiania Hôtel

Avenue de la vallée d'or, F-73450 Valloire
Hübsches Haus mit alpinen Zimmern, Restaurant und einem Faible für Motorrad fahrende Gäste. Direkt an der RDGA.
www.christiania-hotel.com
GPS 45.16425, 6.43003

Hôtel Azteca

3 Rue François Arnaud, F-04400 Barcelonnette
Für die „mexikanischen“ Momente im Leben in einer der Villen des Ortes. **www.azteca-hotel.fr**
GPS 44.38824, 6.65331

KOMBINATIONSMÖGLICHKEITEN

Von Barcelonnette aus setzt sich die Route des Grandes Alpes Richtung Mittelmeer fort (Tour 3). Die vortreffliche Basis eignet sich aber auch für einen mehrtägigen Aufenthalt zur Erkundung weitere Pässe, etwa des Col d'Allos, oder einer Tour über den Col de la Bonette/Restefond mit Befahrung der 2 802 Meter hoch gelegenen Cime de la Bonette. Selbst ein Italien-Abstecher ist drin.

Viva Barcelonnette

Ein Hauch von Mexiko weht durch das Ubaye-Tal. Er hat seinen Ursprung in Barcelonnette. Der kleine Ort inmitten prachtvoller Alpenpässe blickt auf eine ereignisreiche Geschichte zurück.

Der Place Manuel ist kulturell wie kulinarisch das Herz von Barcelonnette.

Noch im 17. und 18. Jahrhundert war es eine arme Gegend, das Ubaye-Tal in den Alpes-de-Haute-Provence. Landwirtschaft prägte seit ewigen Zeiten diese Region. Auf den saftigen Weiden entlang des mal friedlich-sanften, meist aber reißenden Ubaye grasten die Schafe, deren Wolle ihre Besitzer im Winter unter erheblichen Mühen in die Dauphine, die Provence oder ins Piemont brachten.

Es dauerte ewig, bis die Verkäufer über die verschneiten Pässe wieder zurück im Tal waren, wo sich bereits die Familien auf den kleinen Segen der Zusatzeinkünfte freuten. Irgendwann waren es einige Bewohner leid, dieses Leben der Entbehrungen und Ungewissheit. Dann zogen sie schon lieber ein letztes großes Wagnis in Betracht und machten sich auf in die neue Welt.

Ihr „Umzug" war von Erfolg gekrönt. In der mexikanischen Hauptstadt und im Umland entstanden große Handelshäuser. Die Auswanderer investierten in Brauereien und Versi-

cherungen und kamen zu mehr als nur bescheidenem Reichtum. Dabei profitierten sie vor allem von einem: ihrem Zusammenhalt untereinander.

Zum Ende des 19. Jahrhunderts kehrten viele Familien zurück nach Barcelonnette. Da sie auch im immer noch armen Ubaye-Tal nicht auf ihren Wohlstand verzichten wollten, ließen sie **PRÄCHTIGE VILLEN** in noch prächtigeren Gartenanlagen rund um das Ortszentrum errichten.Namhafte Architekten jener Zeit gaben dem 2000-Seelen-Örtchen ein völlig neues Bild.

Wer als Besucher hierher kommt, wird überrascht sein vom bunten Treiben in den Gassen des Ortes. Wochen- und Kunstmärkte wechseln sich zur Freude der Gäste in schöner Regelmäßigkeit ab, auf dem **PLACE MANUEL** herrscht ab dem frühen Nachmittag bis in die späte Nacht ein Trubel, wie er sonst nur aus weitaus größeren Gemeinden bekannt ist. Besonders hoch geht es bei den Festivals her, etwa dem nun schon weltbekannten **JAZZ-FESTIVAL**, das eine seltene, umso spannendere Kombination von Schülercombos und internationalen Stars aufzubieten hat und immer Ende Juli eines Jahres stattfindet.

Hübsche Hotels und warmherzige private Gastgeber machen einen Aufenthalt zum Genuss, ebenso die Auswahl an Restaurants und Geschäften. Kleine Galerien präsentieren sehenswerte lokale Künstler, und das **UBAYE-TAL** ist ein wunderbarer Tummelplatz für Outdoor-Aktivitäten jeglicher Art.

Alpenpässe vor der Türe

Ein besonders günstiger Standort ist Barcelonnette für Motorradfahrer. Einige der schönsten **ALPENPÄSSE** liegen hier vor der Haustüre: Col d'Allos, Col de la Cayolle, Col des Champs, Col du Vars oder auch der Col de la Bonnette/Restefond (siehe Tour 2). Rundtouren können bis zum **NATIONALPARK MERCANTOUR** und den prächtigen Schluchten südlich davon führen. ◀

INFORMATIONEN gibt es auf einer französischsprachigen Internetseite:

www.barcelonnette.com

In den Shops der Altstadt lassen sich manche Kuriositäten entdecken (oben) oder auch kulinarische Verlockungen (unten).

Das Beste zum Schluss

Der dritte und letzte Teil der Route des Grandes Alpes führt durch die Seealpen ans Mittelmeer – und bietet mancherlei Verlockung, den Pfad der RDGA zu verlassen.

In der Einsamkeit der französischen Hochalpen ist manch einer froh über solch tierische Begegnungen.

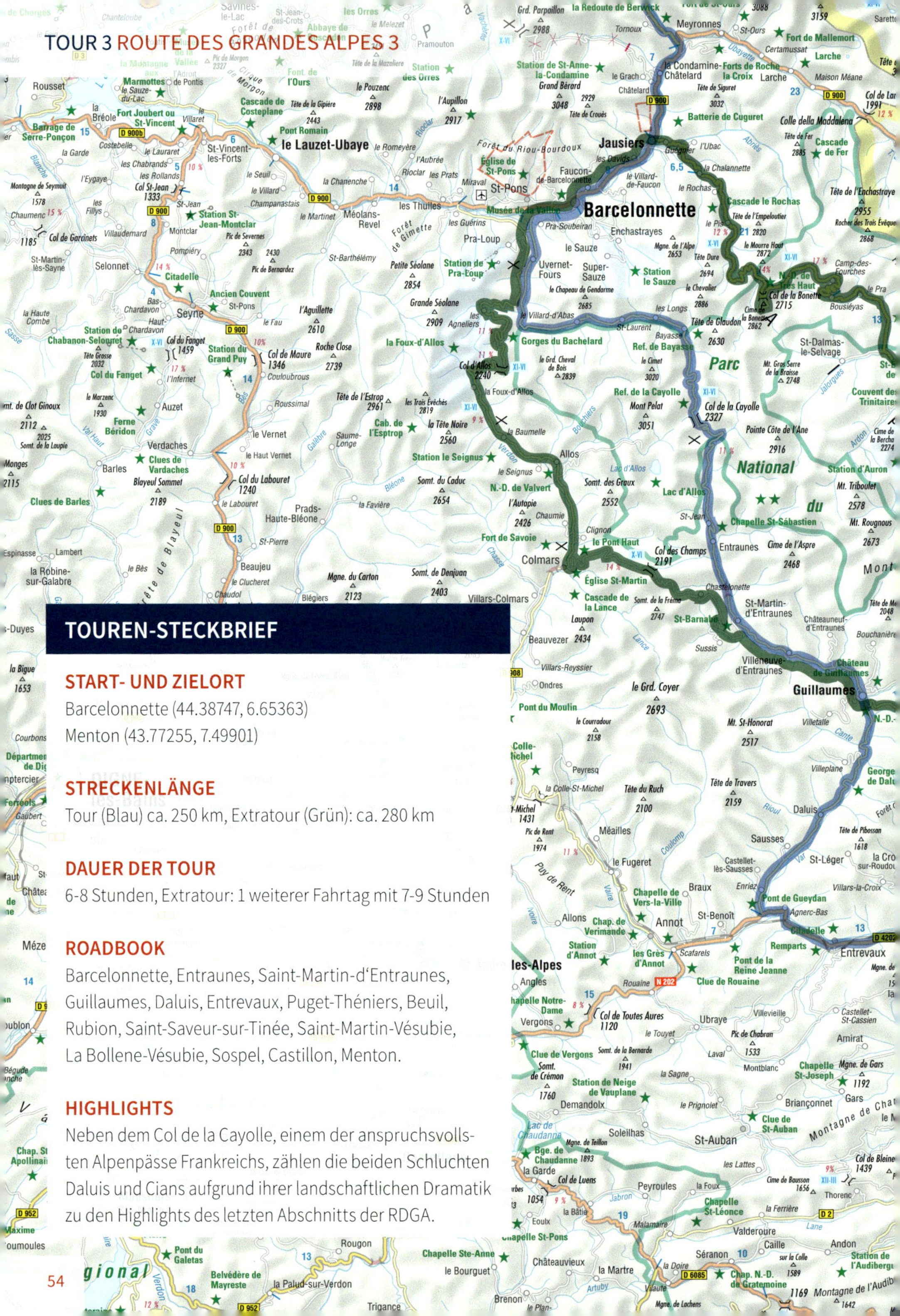

TOUREN-STECKBRIEF

START- UND ZIELORT
Barcelonnette (44.38747, 6.65363)
Menton (43.77255, 7.49901)

STRECKENLÄNGE
Tour (Blau) ca. 250 km, Extratour (Grün): ca. 280 km

DAUER DER TOUR
6-8 Stunden, Extratour: 1 weiterer Fahrtag mit 7-9 Stunden

ROADBOOK
Barcelonnette, Entraunes, Saint-Martin-d'Entraunes, Guillaumes, Daluis, Entrevaux, Puget-Théniers, Beuil, Rubion, Saint-Saveur-sur-Tinée, Saint-Martin-Vésubie, La Bollene-Vésubie, Sospel, Castillon, Menton.

HIGHLIGHTS
Neben dem Col de la Cayolle, einem der anspruchsvollsten Alpenpässe Frankreichs, zählen die beiden Schluchten Daluis und Cians aufgrund ihrer landschaftlichen Dramatik zu den Highlights des letzten Abschnitts der RDGA.

CÚNEO
Caráglio
Borgo San Dalmazzo
Roccavione
Valdieri
Entràcque
Demonte
Vinádio
Limone Piemonte
Tende
Saorge
Breil-sur-Roya
Sospel
MENTON
MONTE CARLO
MONACO
Beausoleil
Roquebrune-Cap-Martin
La Turbie
Èze
Cap-d'Ail
Beaulieu-sur-Mer
Nice-Nord
l'Escarène
Contes
Levens
Lantosque
Roquebillière
St-Martin-Vésubie
St-Sauveur-sur-Tinée
Isola
Isola 2000
Beuil
Valberg
Roure
Rimplas
St-Dalmas
Utelle
Duranus
Lucéram
Moulinet
Fontan
Peira-Cava
Clans
Malaussène
Villars-sur-Var
Touët-sur-Var
Puget-Théniers
Roquestéron
Gilette
Carros
Carros-le-Neuf
Coursegoules
Gréolières
Vence
St-Jeannet
Gattières
Tourrettes-Levens
Drap
Castillon
Gorbio
Peille
Peillon
Vallée des Merveilles
Col de Tende
Tunnel de Tende
Col de Turini
Col de Braus
Col de la Lombarde
Col de Salèse
Col de Castillon
Col de Brouis
Col de Vence
Parco Naturale delle Alpi Marittime
Parc National du Mercantour
Riserva Naturale di Juniperus Phoenicea
Terme di Valdieri
Cascade de Boréon
Gorges de Valabre
Gorges du Cians
Gorges de la Vésubie
Gorges du Loup
Gorges de Saorge
Gorges de Piaon
Station de Beuil
Station Isola 2000
Station de la Colmiane-Valdeblore
Gréolières-les-Neiges
Observatoire de C.E.R.G.A.
Fort Antoine
Port de Monte Carlo
Vieux Port de Menton
Jardin Botanique
Giardini Hanbury
Balzi Rossi
Ventimiglia
Grand-Prix de Monaco
Casino
Plage de Monaco
Fort de St-Roch
Fort Central
Fort de Giaure
Fort Tabourde
Fort Pépin
Chapelle St-Michel
Chapelle St-Antoine
Chapelle Ste-Marie
Monast. de St-Pons
Château des N.-D. Fleurs
Anc. Cathédrale
Parc d'Attractions
Thermes Romains
Arènes
CIMIEZ
Villefranche-sur-Mer
M. Matto 3097
Cima di Argentera 3297
M. Clapier 3045
Cma. di Mercantour 2775
Cma. d. Gélas 3146
Mt. Ténibre 3031
PROVENCE-ALPES-CÔTE D'AZUR
FRANCE
ITALIA
A8
E74
D 2566
D 2565
D 2205
D 6202
D 6204
N 202

Am Scheitel des Col d'Allos (oben) lädt eine Schutzhütte zur Rast (unten).

Barcelonnette, diese alpine Perle der Hochprovence, ist ein absolut perfektes Basislager. Sie eignet sich nicht nur für einen Stopover auf der Route des Grandes Alpes, sondern mag durchaus für mehrere Tage verlockend erscheinen, liegt sie doch am Zugang zu einigen der schönsten französischen Pässetouren.

Eine davon führt aufs Dach der französischen Alpenwelt, die *Cime de la Bonette*. Um aus einem solchen Extratag auch eine Runde der Extraklasse zu machen, bedarf es aber noch ein paar anderer Wegstrecken. Der 2 240 Meter hohe *Col d'Allo*s ist so eine.

Während die Route des Grandes Alpes in ihrem weiteren Verlauf südwärts über den reichlich anspruchsvollen *Col de la Cayolle* führt, erweist sich der direkte westliche Nachbar als passende Alternative, falls man den Cayolle nicht doppelt befahren möchte. Das wäre aber halb so wild, denn dieser ist von beiden Seiten genommen ein absolutes Prachtstück.

Ungleiche Geschwister

Gleich hinter der Ortsausfahrt von Barcelonette trennen sich die Wege der beiden ungleichen Geschwisterpässe. Der Allos wird sogleich am Fels entlang über einen schmalen Pfad geführt, der bis zur Passhöhe kaum breiter als eine Einspurstraße ist.

Für die Saison 2016 sind zahlreiche Stellen erneuert oder zumindest ausgebessert worden, was zum einen bitter nötig war, zum anderen den Ver-

dacht aufkommen ließ, dass die Tour de France im Juli dort einfallen würde. In den Sommermonaten weist der Pass aber eh eine Besonderheit auf: Er ist freitags zwischen neun und 16 Uhr für motorisierten Verkehr gesperrt und bleibt dann ganz den Radlern vorbehalten. Tagesaktuelle Infos dazu hält das Tourismusbüro in der Gemeinde Allos bereit.

Brocken auf der Fahrbahn

Bei gutem Wetter ergeben sich teilweise spektakuläre Aussichten, nicht nur auf die umliegende Bergwelt, sondern auch in die Tiefe. An manchen Stellen fällt das Gelände direkt am Straßenrand steil in die kaum erkennbare Schlucht ab – nichts für Leute mit Höhenangst. Zudem wird immer wieder von Felsabbrüchen berichtet, die unvermittelt größere Brocken auf der Fahrbahn hinterlassen. Es ist also ein Pass für Anspruchsvolle, der die volle Aufmerksamkeit verdient. >

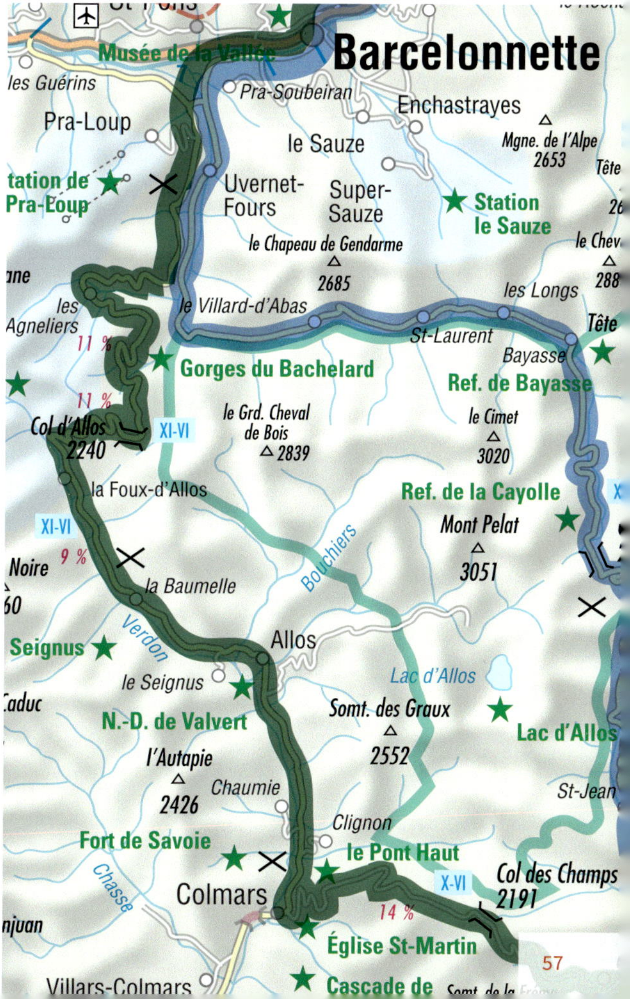

Auf dem Dach der asphaltiert erreichbaren Alpenwelt fühlt man sich am Cime de la Bonette.

Die Abfahrt auf der Südrampe endet erst kurz vor *Colmars*, gut bewacht vom eindrucksvollen Fort de Savoie. Im schmucken Örtchen wartet zudem eine befestigte Altstadt und das kleinere Fort de France auf Besucher. Außerdem zweigt hier die Zufahrt zum *Col de Champs* ab. Eine schmale, kurvenreiche und landschaftlich beeindruckende Straße schwingt sich in zunächst leidlichem Zustand bis auf 2087 Meter auf und mündet bei

Saint-Martin-d'Entraunes wieder in die RDGA ein.

Der darf man hier getrost ein gutes Stück folgen, bis nach *Guillaumes* und weiter über die Pässe *Col de Valberg* sowie *Col de la Couillole*, beide gut ausgebaut und mit zügigem Schwung zu befahren, bis in *Saint-Sauveur-sur-Tinée* das *Tinée-Tal* erreicht ist. Hier schwingt die Extratour gen Norden ab.

Geradezu himmelwärts

Und dann geht es aufwärts, geradezu himmelwärts. Die gut 80 Kilometer lange Alternativstrecke zur Route des Grandes Alpes zwischen *Saint-Etienne-de-Tinée* und *Jausiers* führt gleich über mehrere Pässe, deren höchster der 2 715 Meter hohe *Col de la Bonette* ist. Er ist mit dieser Höhe aber nicht, wie oft fälschlicherweise behauptet, der höchste Straßenpass der Alpen. Erst auf der Schleife Cime de la Bonette erreicht man die 2 802 Meter, die nötig ist, um den *Col de l'Iseran* oder das *Stilfser Joch* „unter sich" zu lassen. Zusätzlich bietet der „Umweg" über die Schleife ein spektakuläres Panorama, das sich von der kurzen Ringstraße aus eröffnet.

Die D900 führt dann von Jausiers aus zurück nach Barcelonnette und

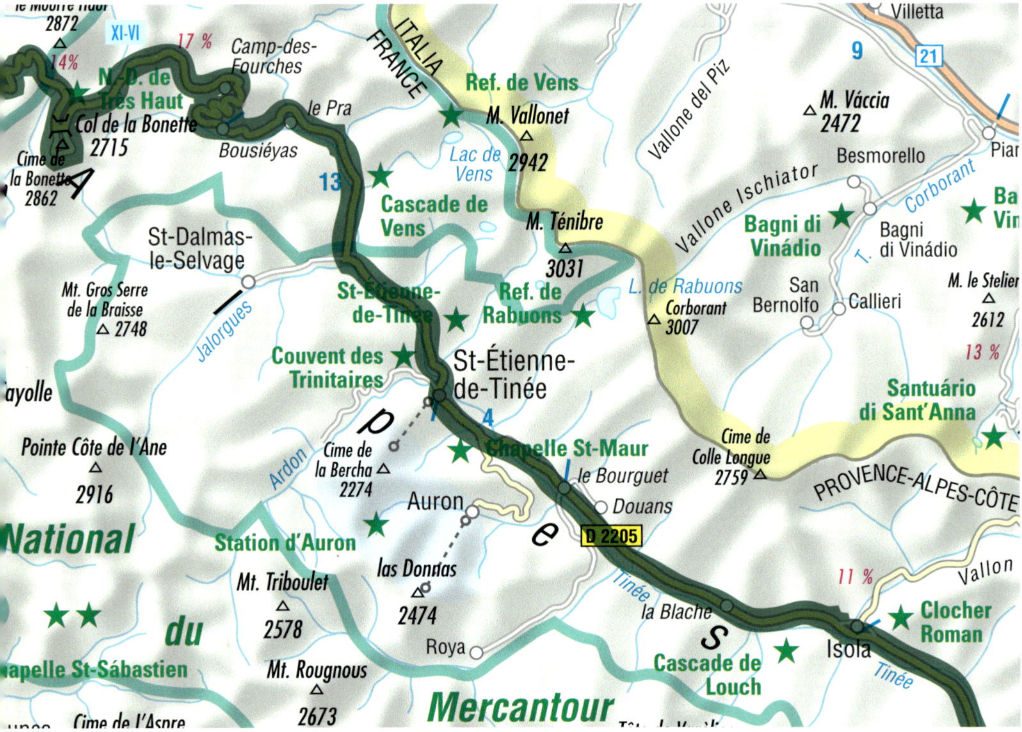

beendet damit einen überaus lohnenswerten Tagesausflug. Auch die kleine Alpenstadt selbst lohnt etwas Aufmerksamkeit. Bekannt ist sie für ihre „Villas mexicaines“. Im 19. Jahrhundert suchten zahlreiche Auswanderer aus Barcelonnette und Umgebung ihr Glück, vor allem das wirtschaftliche, in Mexiko. Sie stellten gegen Ende des Jahrhunderts sogar die größte Untergruppe der Mexiko-Franzosen. Viele kamen tatsächlich zu Reichtum. Sie – oder ihre Nachfahren – kehrten später nach Barcelonnette zurück und erbauten dort und in anderen Gemeinden des *Ubaye-Tals* prachtvolle Villen. In einer davon gibt es ein sehenswertes Museum zur Stadtgeschichte und den Auswanderern.

Nach der Extratour lässt sich die Spur der RDGA ganz einfach wieder aufnehmen. Weithin sichtbar ausgeschil-

dert geht es auf der D902 in Richtung Mittelmeer. Zunächst aber durchquert die Route auf einem Abschnitt von fünf Kilometern die *Gorges du Bachelard*, eine wunderschöne Schlucht.

Zum Col de la Cayolle

Danach lässt die Zufahrt zum Col de la Cayolle viel Zeit für landschaftlichen Genuss. Nicht umsonst zählt der Pass zu den schönsten und abwechslungsreichsten der französischen Alpen. Abwechslung bietet die teilweise steile Südrampe zuhauf und fordert die ganze Aufmerksamkeit des ausgeschlafenen Bezwingers.

Nach einem Kaffeestopp in Guillaumes darf man sich getrost einem Schwenk über die Schluchten *Gorges des Daluis* und *Gorges du Cians* zuwenden. Den dadurch ausgelassenen Abschnitt der Originalstrecke hat man ja bereits mit der Extratour rund um Barcelonnette abgespult. Die beiden Schluchten jedoch sind jede für sich so einzigartig, dass man keinesfalls auf sie verzichten sollte.

Die Strecke entlang der Daluis-Schlucht verläuft hoch über der *Var*. An der Pont de la Mariée, eine die Schlucht überspannende Bogenbrücke, bieten sich erste Einblicke in Steilhänge. Besonders beeindruckend ist dabei das kontrastreiche Farbenspiel zwischen dem roten Fels und dem Grün der zumeist spärlichen Vegetation.

Spannung bezieht die Befahrung der Gorges des Daluis allerdings auch aus der Streckenführung. Mancherorts in Einbahnspuren aufgeteilt, schlängelt sie sich in Nord-Süd-Richtung durch diverse Tunnel. Die Gegenfahrbahn führt allerdings direkt an der Schlucht entlang. Da sind einige Umwege nötig, um die besten Einblicke zu erhaschen.

Wo sich die Var ein breiteres Tal gegraben hat, liegt das Festungsstädtchen *Entrevaux*. Auch die Anlagen hier, die spektakulär an die die steilen

Nach dieser Brücke vollzieht sich ein dramatischer Landschaftswechsel von der engen Gorges du Bachelard hin zur zunächst weiten Auffahrt auf den Col de la Cayolle.

Hänge gepflastert wurden, entstanden nach Plänen des Baumeisters Vauban. Selbst die sehenswerte Kathedrale wurde in die militärische Ummantelung eingebunden. Wer die Zitadelle besichtigen möchte, muss einen steilen Aufstieg in Kauf nehmen, belohnt sich aber mit grandiosen Ausblicken von dem auf einem Überhang errichteten Bauwerk aus.

Deutlich entspannter ist da ein Besuch im örtlichen Motorradmuse-

um. Leider ist es Glückssache, ob die Tore geöffnet oder verschlossen sind, handelt es sich doch um eine feine private Sammlung, dessen Besitzer nach Lust und Laune aufsperrt – oder eben nicht. Auf jeden Fall eignet sich Entrevaux trefflich für eine Pause auf dem Weg zum Mittelmeer.

Schluchten-Schmankerl

Nur 20 Kilometer später warten mit den *Gorges Inferieur* und *Gorges Supérieur du Cians* weitere landschaftliche Schmankerl dieser Tour. Ein tosender Wildbach hat sich auch hier tief ins Gestein gegraben. Doch statt in luftiger Höhe folgt die Straße durch die Cians-Schlucht dem Gewässer hier auf Augenhöhe. Das bietet ein völlig anderes Erlebnis, als noch in der Nachbarschlucht, ist aber auch mit manch engem Tunneldurchbruch verbunden.

Gute 1000 Höhenmeter überwindet der reißende Bach auf seinem rund 290 Kilometer langen „freien Fall“ zum Vartal hinab.

Während man versucht, dieser Steigung Herr zu werden, ergeben sich an zahllosen Aussichtspunkten immer wieder faszinierende Möglichkeiten für einen Fotostopp.

Bei ***Beuil***, einem malerischen Bergdorf, das schon die Römer als Etappe nutzten, ist man dann wieder in der RDGA-Spur und kann, nein, sollte am Col de la Couillole unbedingt im La Fripounière einkehren. Das Besitzerpaar serviert tolle Bergküche veredelt mit ausschließlich lokalen Produkten, die den Besuch der Hütte absolut wert sind. Es passt auch von der Entfernung und der Zeit her, hier Mittag zu machen.

Eine letzte Passlegende

Das Verbindungsstück zum letzten Highlight der Route des Grandes Alpes bildet eine 30 Kilometer lange Kurvenorgie zwischen Saint-Sauveur-sur-Tinée und Saint-Martin-Vésubie. Der folgende Abschnitt der RDGA scheint bereits zum Meer hin auszurollen, da nimmt die Strecke noch eine letzte Passlegende mit: den ***Col de Turini***.

Wo die Rallye Monte Carlo stets ihren Höhepunkt fand, lässt es sich auch auf zwei Rädern erfrischend unterwegs sein. Nur sollte man nicht versuchen, die wahnwitzigen Geschwindigkeiten zu erreichen, die von den Profis hier nachts auf Eis und Schnee gefahren wurden – nicht einmal tagsüber auf trockenem Geläuf. Ist eh aussichtslos.

Man mag sich gar nicht ausmalen, was hier in dunklen Januarnächten los gewesen sein muss. Besonders, als Audi

In der Festungsstadt Entreveaux (oben) gibt es sogar ein Motorradmuseum. Tiefe Einblicke lässt die Daluis-Schlucht zu.

mit dem Ur-Quattro alles pulverisierte, was es zuvor an Bestzeiten gegeben hatte. Die Höhenflüge eines Walter Röhrl oder einer Michèle Mouton haben bis heute Bestand – auch, weil seither niemand mehr so viel Leistung auf vereisten Untergrund loslassen durfte. Die etwa neun Kilometer lange Straßenschleife *Circuit de la découverte de l'Authion*, die von der Passhöhe des Turini abzweigt, trennte meistens die Spreu vom Weizen.

Was den Col de Turini aber auch noch so besonders macht, sind sei-

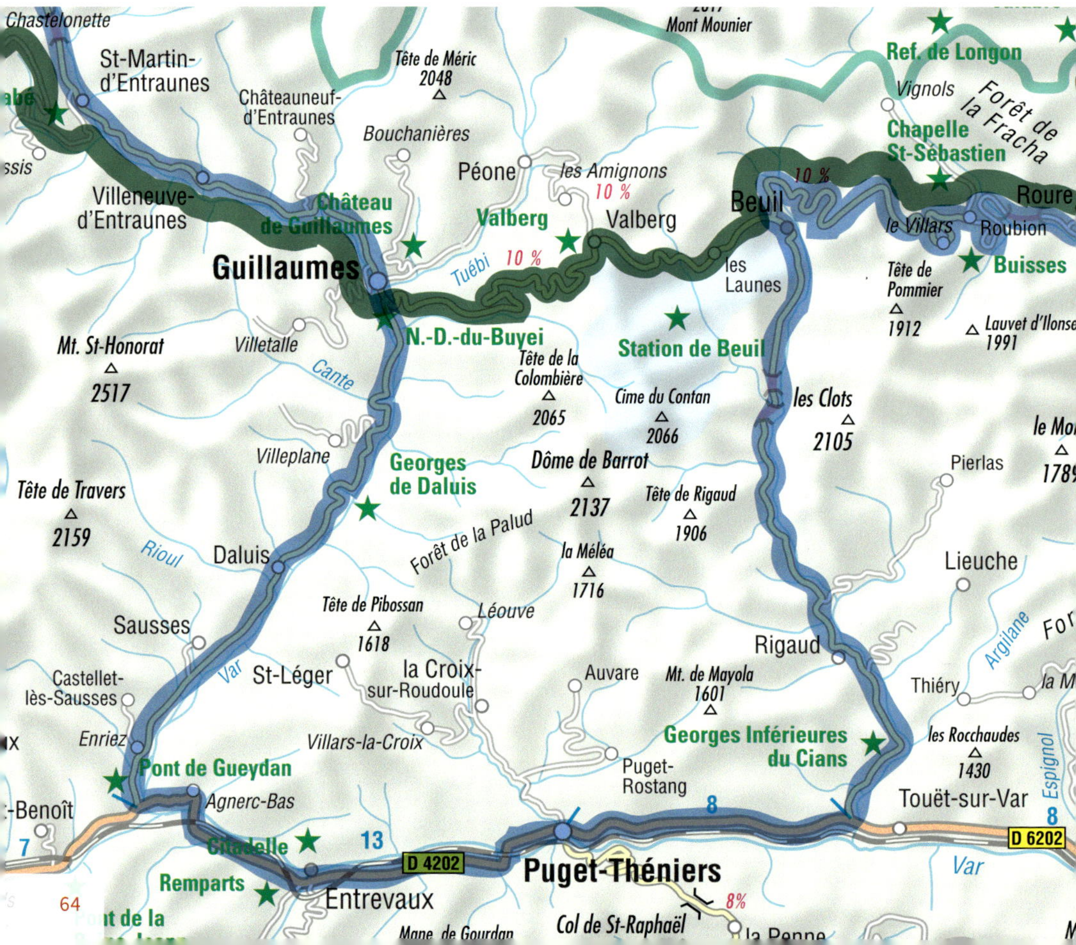

ne zahlreichen Zu- und Abfahrtsmöglichkeiten. Die Westrampe, die von der D2265 nach *La-Bollène-Vésubie* abzweigt, ist bergan ein absolutes Kurvenfeuerwerk mit immer wieder spektakulären Fernblicken in die Seealpen. Die Südrampe nach *Sospel* mit ihren gemauerten Spitzkehren wird gerne zur Abfahrt Richtung Mittelmeer genutzt – auch, weil die Route des Grandes Alpes diesen Verlauf vorgibt.

Im Umfeld des Passes kann man sich getrost einen ganzen Tag lang aufhalten und immer wieder neue Schmuck-

Der Col de Turini ist eine Legende – und das nicht nur wegen seiner Rally-Vergangenheit.

stücke unter den vielen kleinen Pässen entdecken, die sich hier wie für Motorradfahrer gemacht knubbeln.

Weil der Abschluss der Route des Grandes Alpes überaus beschwingt Kurs auf Menton nimmt, kommt sicher jeder gut gelaunt am Mittelmeer an. Mit Abstechern kann man es auf deutlich mehr als 1000 Kilometer bringen, muss aber auch ein paar Fahrtage extra einkalkulieren.

Hat man also über den letzten Pass der RDGA, den *Col de Castillon*, schlussendlich das französische Grenzstädtchen *Menton* am Mittelmeer erreicht, bietet sich dieses Kleinod auch ganz gut als entspanntes Basislager für weitere Touren an. Die können in die Seealpen führen, oder auch über einen Teil der Routes du Baroque – der südfranzösischen Barockstraße – zum Col de Tende. Der legendäre Schotterpass und Einstieg in die *Ligurische Grenzkammstraße* ist nach einem Felsrutsch leider nur noch von italienischer Seite aus erreichbar.

Auszeit am Strand

Man darf sich aber auch eine Auszeit am Strand gönnen. Menton hat reichlich davon zu bieten. Die rund um die barocke Kathedrale Saint-Michel errichtete Altstadt mit ihren pastellfarbenen Häuserfassaden lebt von ihrem italienischen Flair. Zahlreiche Gärten und Parks mit zum Teil seltenen subtropischen Pflanzen zeugen vom günstigen Mikroklima, das hier herrscht und den Ort zum wärmsten an der Côte d'Azur macht. Sehenswert ist auch die Promenade du Soleil, die Uferpromenade in Menton, die deutlich weniger touristisch geprägt ist als etwa die Pendants in *Nizza* oder *Cannes*.

Und der Anblick des schmucken Städtchens lässt sich am besten am frühen Abend bei einem Aperitif in einer der Strandbars im Vorort Garavan genießen, während man noch einmal die Pässe, Schluchten, Gipfel, Kehren und Kurven der Route des Grandes Alpes Revue passieren lässt …

INFOS ZUR TOUR

CHARAKTERISTIK

Die letzte Etappe der RDGA bringt noch ein halbes Dutzend Pässe mit sich, darunter gleich zu Beginn einen der schönsten 2000er, die Frankreich zu bieten hat. Als Abstecher äußerst reizvoll sind zudem die Schluchten Daluis und Cians, die unterschiedlicher nicht sein könnten.

PÄSSE DER TOUR

Col de la Cayolle (44.25926, 6.74394)	2326 m
Col de Valberg (44.09336, 6.92620)	1673 m
Col de la Couillole (44.1003, 7.02298)	1678 m
Col Saint-Martin (44.07191, 7.22053)	1500 m
Col de Turini (43.97758, 7.39158)	1607 m
Col de Castillon (43.83948, 7.46015)	706 m

ÜBERNACHTUNG

La Fripounière
Route du Col de la Couillole, F-06420 Roubion
Neben leckeren alpinen Spezialitäten bietet diese Berghütte auch einfache Übernachtungen direkt am Col de la Couillole. **www.lafripouniere.com**
GPS 44.1003, 7.02298

Hôtel Napoléon
29 Porte de France, F-06500 Menton
Frisch renoviertes Haus mit Pool und sicherem Parken. Gute Lage zum Strand und Restaurants.
www.napoleon-menton.com
GPS 43.78298, 7.51225

Hôtel Chambord
6 Avenue Boyer, F-06500 Menton
Auf der Avenue Boyer rollt die RDGA ihrem Ende entgegen. Und genau dort liegt dieses nette Hotel. Perfekt, oder?
www.hotel-chambord.com
GPS 43.77392, 7.49783

KOMBINATIONSMÖGLICHKEITEN

Es gibt zahlreiche Möglichkeiten, von einer Basis in Menton aus einen ausgedehnten Motorradurlaub zu verbringen. So führt die Route de Baroque vorbei an kunsthistorisch interessanten Gebäuden bis hinauf zum Col du Tende, dem Einstieg zur Ligurischen Grenzkammstraße. Und natürlich lockt eine Flaniertour an der Küste (Tour 9).

Im Land der **Kartäuser**

Wer einen anderen Einstieg in die französischen Alpen sucht als die Route des Grandes Alpes, der wird etwas weiter westlich fündig: in den Mittelgebirgs-Landschaften Bauges und Chartreuse. Dort liegt auch ein weltbekanntes Kloster, aus dem ein nicht minder bekannter Likör stammt.

Das Mutterhaus der Kartäuser gab einer ganzen Region ihren Namen – und schenkte noch dazu der Welt einen heilsamen Kräuterlikör: Chartreuse.

TOUREN-STECKBRIEF

START- UND ZIELORT
Annecy (45.89824, 6.12905)
Grenoble (45.18266, 5.72696)

STRECKENLÄNGE
ca. 145 km

DAUER DER TOUR
4-5 Stunden, mit Besichtigungen ein Fahrtag

ROADBOOK
Annecy, Leschaux, Lescheraines, Le Noyer, Saint-Jean-d'Arvey, Chambery, Entremont-le-Vieux, Saint-Pierre-d'Entremont, La Diat, Kloster Chartreuse, Le Mollard, La Pillionères, Fort du Saint-Eynard, Grenoble.

HIGHLIGHTS
Neben dem Kartäuser-Kloster (45.35027, 5.78994) und der Anfahrt zum Col du Granier (45.4804, 5.91495) ist die Zufahrt zum Fort du Saint-Eynard (45.23487, 5.7638) ein weiteres Highlight dieser Tour – mit überwältigender Aussicht.

Die Wasserfälle am Cirque de St. Meme sind einen kleinen Fußmarsch von der Route entfernt, lohnen aber dennoch den Besuch.

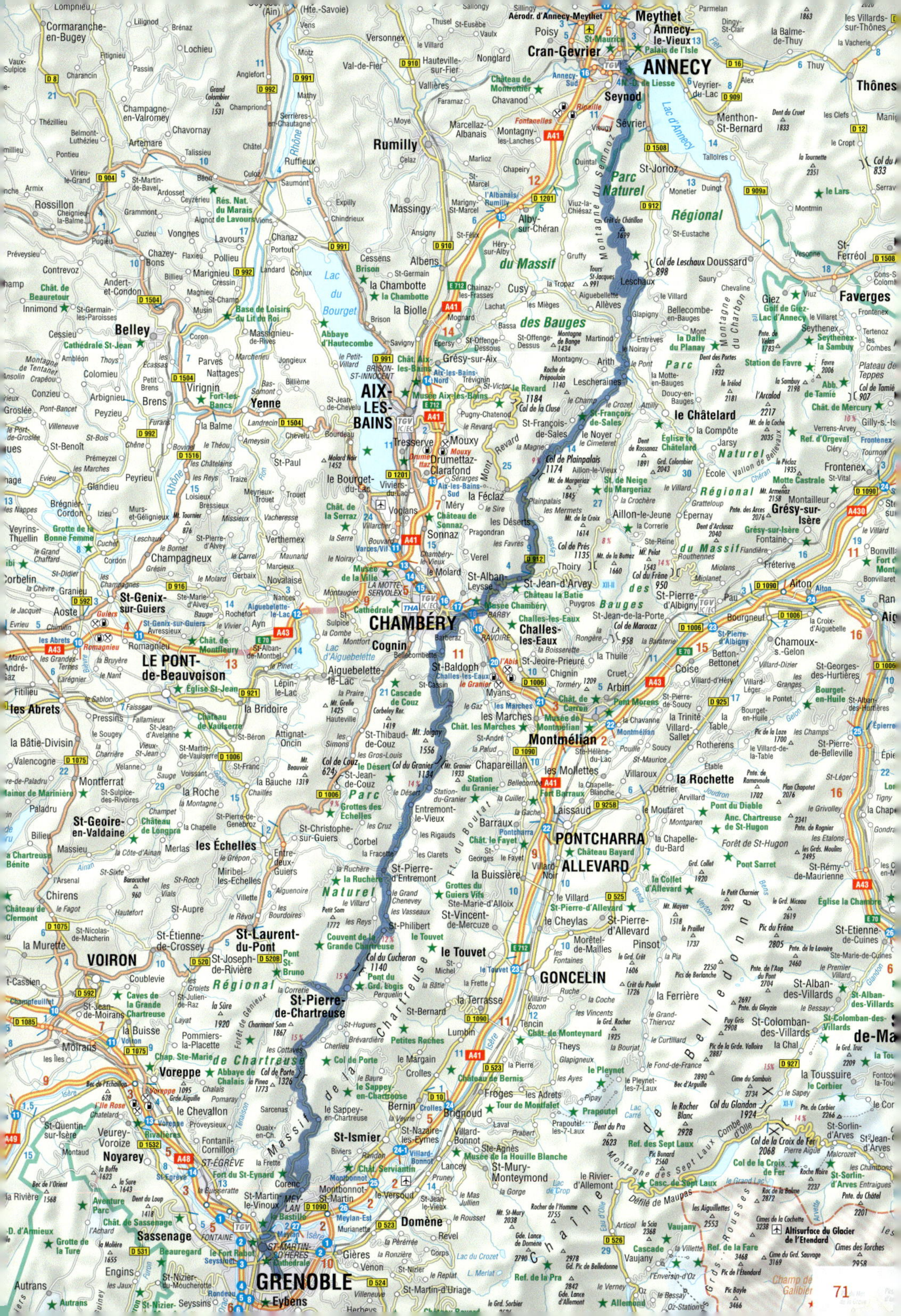

ANNECY
Meythet
Annecy-le-Vieux
Cran-Gevrier
Seynod
Sévrier
Lac d'Annecy
Thônes
Rumilly
Parc Naturel Régional du Massif des Bauges
Faverges
Belley
Lac du Bourget
AIX-LES-BAINS
Yenne
CHAMBÉRY
Cognin
Challes-les-Eaux
St-Genix-sur-Guiers
LE PONT-de-Beauvoisin
Aiguebelette-le-Lac
Lac d'Aiguebelette
les Abrets
Montmélian
PONTCHARRA
ALLEVARD
St-Geoire-en-Valdaine
les Échelles
St-Laurent-du-Pont
VOIRON
St-Pierre-de-Chartreuse
Parc Naturel Régional de Chartreuse
Massif de la Chartreuse
Le Touvet
GONCELIN
Voreppe
St-Égrève
St-Ismier
Meylan
Domène
Sassenage
GRENOBLE
Eybens
Chaîne de Belledonne
Montagne des Sept Laux
Allevard
Rumilly

Von der Terrasse des Hotels Edelweiß eröffnet sich eine spektakuläre Aussicht auf den Lac d'Annecy.

A*nnecy* und der gleichnamige See sind ein bestens geeigneter Ausgangspunkt für eine Motorradreise in die französischen Alpen. Der Ort ist bei einer Anreise über die Schweiz oder auch das französische *Jura* gut angebunden. Von *Genf* aus führt die Autobahn A41 bis vor die Tore der Stadt. Und es finden sich in Annecy selbst wie auch entlang des Seeufers etliche Hotels, in denen Motorradfahrer herzlich willkommen sind. Einige verfügen auch über ausreichend Platz, um etwa Pkw und Hänger, die zur Anreise genutzt wurden, während der Tourdauer abzustellen. Nachfragen jedenfalls kostet nichts.

Das mit prallem Leben satt gefüllte mittelalterliche Zentrum ist zudem dazu angetan, den Urlaubsstart langsam angehen zu lassen und gleich mal tief ins französische „savoir vivre" einzutauchen. Die Küche Savoyens, dieses alten, alpinen Fürstentums, hat zahlreiche Leckereien zu bieten. Besser kann ein Frankreichaufenthalt kaum beginnen.

Auch ist die Lage des Sees und die ihn umgebenden Straßen durchaus dazu angetan, den Tourstart zu verzö-

Der Ortskern von Talloires ist ein historisches Juwel.

gern und sich stattdessen erst einmal ganz in Ruhe warm zu fahren. Als besonderer Tipp mag hierzu ein Ausflug nach *Talloires* auf der D909/D909A gelten. Im Ortskern sind ausgehend von der ehemaligen Abtei zahlreiche Häuser im charakteristischen savoyischen Baustil aus dem 17. und 18. Jahrhundert erhalten, die noch heute von der einstigen Bedeutung der Gemeinde als klerikales Zentrum zeugen.

Ausblicke vom Höhenweg

Liegt Talloires selbst auf gerade 450 Metern Meereshöhe, steigen im Osten die Hänge steil zur Terrasse von *Vérel* bis auf 750 Meter an. Noch imposanter sind allerdings die Bergspitzen der schroffen Kalkfelsen der *Dents de Lanfon* (1 834 Meter), der *Rochers du Varo* (2 053 Meter) sowie die Bergspitze der *Tournette*, die mit 2 351 Metern den weithin höchsten Gipfel darstellt. Parallel zur Uferstraße gibt es einen Höhenweg, die D42. Der Einstieg in diese mit vielen Ausblicken gesegnete Strecke liegt nur wenige Kilometer vom südlichen Ende des Lac d'Annecy entfernt, am Weg nach *Faverges*.

Die Route steigt schon nach *Montmin* steil an und findet ihren Höhepunkt auf dem 1 157 Meter hoch gelegenen Col de la Forclaz. Es ist schon ein Erlebnis, an einem sonnigen Nachmittag auf der Terrasse des Hotels Edelweiss den Ausblick über die Berge und den gut 700 Meter tiefer liegenden See zu genießen. >

Mitten im Massif des Bauges ist man nur 20 Kilometer von Chambery entfernt.

Im weiteren Verlauf der kurvenreichen Abfahrt gibt es bei den Wasserfällen von *Saut du Moine* einen kleinen, kaum erkennbaren Abzweig auf eine schmale Einbahnstraße, die zur Eglise Saint-Germain L'ermitage führt. Direkt vor dem Kirchlein liegt ein weiterer, aber kaum bekannter Aussichtspunkt mit grandiosem Panorama. Bei *Les Granges* ist dann die Uferstraße wieder erreicht, die zurück nach Annecy führt. Gemeinsam mit einer Stadtbesichtigung am Vormittag ist dieser Ausflug sicher einen Extratag am Lac d'Annecy wert.

Ins Massif des Bauges

Der Einstieg ins Massif des Bauges, das sich im Südwesten an den See anschließt, ist längst nicht so dramatisch oder so hoch wie die beschriebene Gipfelkette im Osten. Dass es sich für Motorradfahrer dennoch um eine lohnenswerte Region handelt, liegt vor allem an der Streckenführung durch, oder besser über diesen Mittelgebirgszug. Zunächst muss dafür aber der Zugang zur D41 in Annecy gefunden werden, was mangels ordentlicher Ausschilderung nicht ganz einfach erscheint.

Bergan bis auf den Grat

Dann geht es gleich mal in etlichen Windungen bergan bis auf den Grat des Mittelgebirges Massif des Bauges. Die Strecke präsentiert sich in einem recht guten Zustand und gewinnt schnell an Höhenmetern. Ihren Höhepunkt findet sie knapp unterhalb des *Crêt de Châtillon*, mit 1699 Metern der höchste anfahrbare Punkt des Gebiets.

Den Spaß an der Streckenführung steigert noch das überaus geringe Verkehrsaufkommen. Das gesamte Gebirgsmassiv ist nur spärlich besiedelt. Entsprechend selten sind hier andere Verkehrsteilnehmer anzutreffen. Das hat allerdings auch Auswirkungen auf den Straßenzustand, denn in der Rangfolge der zu pflegenden Strecken liegt die Höhenstraße durchs Massif des Bauges wohl eher am Ende der Prioritätenliste.

Die Aussichten hingegen stehen denen auf der anderen Seeseite in nichts nach. Im Gegenteil: Von hier aus ist an schönen Tagen der *Mont Blanc*, der höchste aller Alpengipfel, deutlich zu sehen. Liegt der Weiße Riese in weiter Ferne, so sind die prachtvollen Kehren auf der Abfahrt nach *Leschaux* nur noch wenige Kilometer entfernt. Auf knapp 900 Höhenmetern mündet die mittlerweile zur D110 umbenannte Höhenstraße in die D912 ein, der die Route ab dem Sattel des *Col de Leschaux* nun folgen wird.

Brücke über dem Abgrund

Bei *Le Pont* ist noch ein kleiner Abstecher drin. Wer hier der Route des Bauges nach *Aiguebellette* folgt, der findet auch zur Pont de l'Abîme. Hier ist der Name Programm, bedeutet er doch auf gut Deutsch „Brücke über dem Abgrund". Und genau so sieht es aus: 96 Meter Tiefe werden überspannt, die der *Chéran* als Schlucht in den Kalkfelsen gefräst hat. Dabei ist die 1891 eröffnete einspurige Hängebrücke an

Pont de l'Abîme überspannt als Hängebrücke die Chéran-Schlucht.

der D31 ein kleines bauliches Meisterwerk, das den minimalen Umweg durchaus lohnt.

Zum Col de Plainpalais

Über die D911 gelangt man wieder nach Le Pont zurück. Ab hier bleibt die Strecke weitgehend auf einem Höhenniveau um die 1 000 Meter-Marke. Nur zum *Col de Plainpalais* steigt sie über ein kleines Kehrenfeuerwerk noch einmal an und überquert den nur schwer erkennbaren Scheitel auf 1 173 Metern. Fortan geht es bergab bis knapp 70 Kilometer nach dem Start in Annecy der Verwaltungssitz des Départements Savoyen, *Chambery*, erreicht ist.

Am Elefantenbrunnen

Wie von einer „Regierungsstadt" kaum anders zu erwarten, besitzt Chambery nicht den Charme des mittelalterlichen Annecy, lohnt aber wegen einiger markanter Bauwerke und der zugehörigen Geschichte durchaus einen längeren Aufenthalt. So ist das Wahrzeichen der Stadt zwar nicht mehr ganz mit dem Motorrad zu erreichen, doch kann man noch immer bis auf wenige

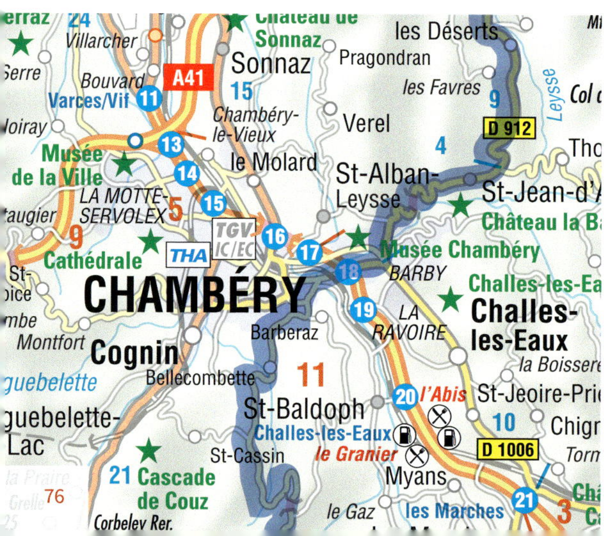

Meter an den „Elefantenbrunnen" heranfahren.

Das berühmte Monument wurde 1838 zu Ehren von General Graf von Boigne errichtet und soll an die Abenteuer dieser in Chambéry geborenen Persönlichkeit erinnern. Der kehrte Anfang des 19. Jahrhunderts als reicher Mann und mit einem Grafentitel versehen aus den Kolonien zurück. Napoleon ernannte ihn darauf zum Präsidenten des Départments Mont Blanc, Ludwig XVIII. zum Feldoffizierdiener und der König von Sardinien zum Grafen. Da hat ja mal einer Karriere gemacht … >

Der Elefantenbrunnen ist das Wahrzeichen von Chambery.

Die Herzöge von Savoyen haben über die Zeit viele Spuren in Chambery hinterlassen.

Als Sitz der Herzöge von Savoyen verfügt Chambery noch heute über das ehemalige Schloss seiner Herrscher. Gleichsam wurde die Stadt über Jahrhunderte zwischen verschiedenen Herrschaftsbereichen hin und her gereicht. Mal war Savoyen eigenständig, mal italienisch, mal französisch. Erst 1860 kam Chambery endgültig zur Grande Nation – und zur Ruhe.

Das Turiner Grabtuch

Im 15. und 16. Jahrhundert bewahrten die Herzöge von Savoyen zudem das Turiner Grabtuch auf, bevor sie es 1578 an ihren neuen Herrschaftssitz *Turin* überführen ließen. Zuvor hatte es sich bei einem Kirchenbrand in Chambery aber die bis heute sichtbaren Brandlöcher zugezogen.

Wer mit Geschichte und Kultur nicht so viel am Hut hat, kann sich vielleicht dafür begeistern, dass Chambery ein Art Hauptstadt der Comic-

Der Col du Granier ist bei Motorradfahrern beliebt – ebenso das rustikale Restaurant an der Passhöhe.

Kultur geworden ist. Jedenfalls ist das alljährlich stattfindende Comic-Festival Ausdruck dieses Anspruchs.

Beliebter Bikertreff

Aus Savoyens Metropole führt eine klassische Bergstrecke hinaus. Von unter 300 geht es in kurzer Zeit auf die 1134 Meter Höhe, die der Col du Granier überwindet. Über ihm thront in fast 2000 Meter Höhe der Gipfel des *Mont Granier*, zu dessen Füßen sich direkt am Pass ein beliebtes Restaurant etabliert hat, das allerhand deftige regionale Köstlichkeiten serviert. Vor allem an kühleren Tagen ist das Haus mit seinen Kaminen und Öfen ein unter Motorradfahrern beliebter Stopp auf dem Weg in die nächste Naturregion, die *Chartreuse*.

Nach dem Pass geht es zunächst beschaulicher weiter, bis sich hinter *Entremont-le-Vieux* ein erster Vorgeschmack auf die weiteren Höhepunkte des Tages zeigt: die Gorge du Cozon.

Hier zwängt sich die D912 zusammen mit dem Wildbach durch eine enge Schlucht. Da lohnt schon der eine oder andere Stopp an einem der gut beschilderten Haltepunkte und ein anschließender kurzer Fußmarsch über den ebenfalls parallel verlaufenden Wanderweg, um sich an Wasserfällen und ungewöhnlichen Felsschliffen zu erfreuen.

Das nächste Highlight lässt nicht lange auf sich warten. Allerdings muss

Die Gorges du Guiers Vif bildet einen der Zugänge zur Chartreuse – und nicht den Schlechtesten…

man dazu kurz die D912 verlassen. Schon wenige hundert Meter nach dem Abzweig auf die D520 folgt mit den *Gorges du Guiers Vif* eine weitere eindrucksvolle Schlucht.

So zirkelt die Route weiter durchs Chartreuse, bis zum berühmten Kloster, in dem die Mönche über Jahrhunderte ihre legendären Liköre brannten, den „Chartreuse verte", giftig-grün, und den „Chartreuse jaune", den lieblich-gelben. Wegen der 130 verwendeten Kräuter und Pflanzen, deren genaues Mischungsverhältnis nur wenigen Mönchen bekannt ist, wird beiden heilende Wirkung nachgesagt. Allerdings entstehen die „medizinischen" Alkoholika heutzutage außerhalb der Klostermauern, wenn auch nur wenige Kilometer entfernt, in einer modernen Destillerie.

Giftig-grün oder lieblich-gelb lautet die Auswahl beim Kloster-Likör Chartreuse.

Museum und Klosterladen

Einen Besuch bleibt das bereits 1084 durch Bruno von Köln und eine Handvoll Glaubensbrüder errichtete Kartäuserkloster dennoch wert. Zwar sind die – nach mehreren Zerstörungen durch Feuersbrünste – aus dem 17. Jahrhundert stammenden Gebäude des auch heute noch als Stammsitz der Kongregation fungierenden Klosters nicht zu besichtigen. Aber es gibt ein spannendes Museum – und natürlich einen Klosterladen, in dem die Liköre und weitere zugehörige Produkte in allen möglichen Gebinden zu erstehen sind. Aus den Einnahmen der Likörproduktion werden übrigens nichts nur das Stammhaus, sondern auch alle 24 noch existierenden Kartäuser-Niederlassungen weltweit unterstützt. Zusätzliche Mittel fließen in karitative und religiöse Projekte außerhalb der Chartreuse.

Die große Stille

Was hinter den Klostermauern vor sich geht, lässt sich auch ohne Besuchsmöglichkeit eindrucksvoll verfolgen: Anfang des Jahrtausends hatte der deutsche Filmemacher Philip Gröning als bisher erster und einziger Außenstehender die Möglichkeit, hinter die Kulissen zu schauen. Er begleitete die Mönche in ihrem Alltag und schnitt aus dem entstandenen Material „Die große Stille" zusammen.

Bereits 1984 hatte er die Idee zu diesem Film. Auf seine erste Anfrage beschied die Klosterleitung, dass die Zeit noch nicht reif sei für ein solches Projekt. Gröning gab nicht auf, und seine Beharrlichkeit zahlte sich aus. Nach 15 Jahren erhielt der Regisseur endlich die Dreherlaubnis – allerdings nur für sich als Person und ohne Team. Im Frühjahr und Sommer 2002 drehte er vier Monate, dann noch einmal drei Wochen im Winter des Folgejahres. Während der Drehzeit durfte er bei den Kartäusern in einer Klosterzelle leben. Der fertige Film hat eine Länge von 169 Minuten und feierte 2005 Premiere.

Nach den Vorgaben des Ordens wird im Film kaum gesprochen. Lediglich die Geräusche der Natur und der Gesang der Mönche bei ihrem Stundengebet und während der Zeremonien sind zu hören, was den Bildern zusätzlichen Nachdruck verleiht. Eine intensive Erfahrung.

Eine solche steht auch auf den nächsten Kilometern der Etappe an. Auf mehr als 1300 Meter windet sich die Höhenstraße Richtung Süden empor.

Bevor es ins Tal der *Isère* geht, lockt noch ein ganz besonderer Abstecher – zum Fort du Saint-Eynard. Die Festung stammt aus dem 19. Jahrhundert und ist als Teil der Festungsanlagen rund um *Grenoble* errichtet worden.

Das Fort am Felsabbruch

Seine besondere Faszination liegt in der wohl einmaligen Lage direkt am steilen Felsabbruch des 1338 Meter hohen *Mont Saint-Eynard*. Der Blick schweift von hier weit über Grenoble und selbst die südlich gelegenen Alpenausläufer hinaus. Die Zufahrt ist steil, eng und kurvenreich.

Die Gebäude sind bis heute in Betrieb, wenn auch nunmehr als Restaurant, Museum und Versammlungsstätte. Im Winter bleibt die Zufahrt – und damit auch das Fort – geschlossen.

Bleibt noch die Abfahrt nach Grenoble. Kurz und knackig – und schon findet man sich an den Ufern der Isère wieder, in einer zugegeben alles andere als schönen, aber bei genauem Hinsehen überaus spannenden Stadt (siehe Städtetipp). Hier eröffnen sich zwei Möglichkeiten: ein Aufenthalt in Grenoble, vielleicht mit einem Besuch der Festung, der Altstadt und weiterer Attraktionen verbunden. Oder gleich auf die Umgehung und über die D57/D105a nach *St. Egrève*. Hier wird die Isère gequert, ein kurzes Stück der Route Nationale 532 genommen und dann schnellstens ins *Vercors* (siehe Tour 5) abgezweigt. ◀

Das Fort du Saint-Eynard liegt auf einem steilen Felsabbruch.

INFOS ZUR TOUR

CHARAKTERISTIK

Auch, wenn es nicht die Hochalpen sind: Eine Tour über die Gebirgszüge Bauges und Chartreuse bietet eine Menge an Höhepunkten. Die weitgehend verkehrsarme Nebenstrecke verbindet Annecy im Norden über Chambery, Savoyens Hauptstadt, mit Grenoble im Süden und verläuft dabei durch eine prachtvolle Natur. Und Pässe gibt es auch…

PÄSSE DER TOUR

Crêt de Châtillon (45.799577, 6.107798)	1699 m
Col de Leschaux (45.771092, 6.130768)	897 m
Col de Plainpalais (45.647162, 6.018180)	1173 m
Pas de la Fosse (45.513218, 5.925343)	858 m
Col du Granier (45.480430, 5.915183)	1134 m
Col du Cucheron (45.365143, 5.833998)	1140 m
Col de Porte (45.289847, 5.766985)	1326 m
Col de Palaquit (45.272772, 5.765398)	1154 m
Col de Vence (45.235697, 5.750881)	781 m

ÜBERNACHTUNG

Allobroges Park Hôtel
11 Rue Sommeiller, F-74000 Annecy
Hübsches, kleines Haus in Top-Lage mitten im Ort mit schönen Zimmern und kleiner Garage.
www.allobroges.com
GPS 45.90227, 6.12372

Hôtel des Princes
4 Rue de Boigne, F-73000 Chambery
Frisch renoviert (2015) in guter Lage mit sehr ansprechenden Zimmern, Tiefgarage und kleinem Wellnessbereich.
www.hotelsdesprinces.com
GPS 45.56601, 5.92174

Hôtel Restaurant Bar Le Jorjane
105 gr. rue Choranche, F-38680 Pont-en-Royans
Wer eh ins Vercors weiter möchte, kann auch gleich hier übernachten. Besitzer fährt selbst.
www.lejorjane.com
GPS 45.06125, 5.34401

KOMBINATIONSMÖGLICHKEITEN

Die logische Fortsetzung dieser Tour ist natürlich eine Reise ins Motorrad-Paradies Vercors (Tour 5).

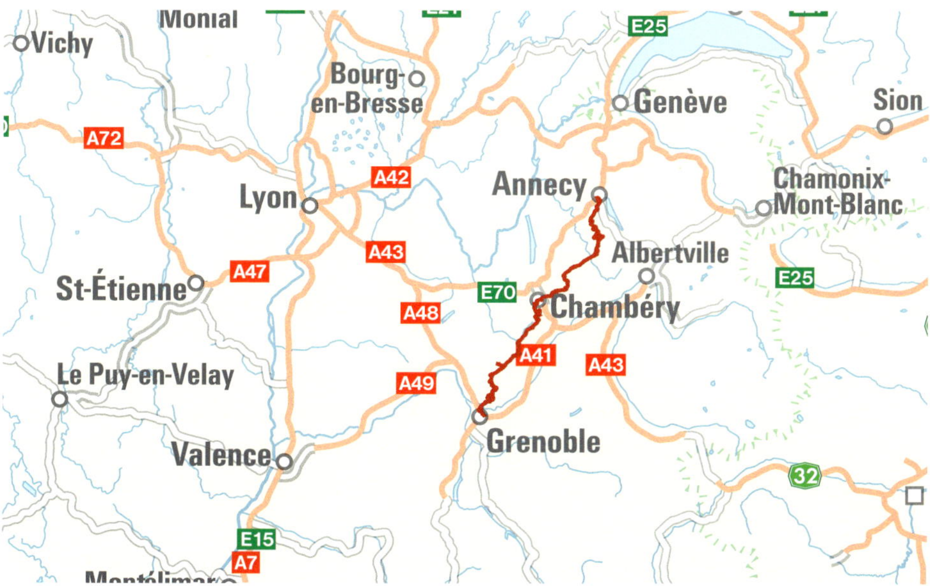

Alpen-**Metropole**

Frische Waren auf den Märkten und rund 60 000 Studenten machen Grenoble trotz 2 000 Jahren Geschichte zu einer jungen Metropole – mit einem eigenwilligen Stadtbild…

Von der Bastille aus geht es mit der Seilbahn hinab. Gleich dahinter schließt sich die malerische Altstadt an.

Départements-Hauptstadt ist sie, von Isère, und dazu das wirtschaftliche Zentrum der Dauphine, jener Landschaft zwischen Rhône und Italien, Savoien und Provençe, die einen großen Teil des Südostens von Rhône-Alpes einnimmt. Die Rede ist von **GRENOBLE**, die sich dazu noch mit einem weiteren Titel schmücken kann, nämlich die größte Alpenstadt zu sein.

Ihre Lage am Zusammenfluss von **DRAC** und **ISÈRE** prädestinierte Grenoble schon früh als Handelsort. So ist es denn auch kaum verwunderlich, dass die Stadt bis heute vom bunten Treiben auf ihren Märkten geprägt ist. Geschäftige Händler preisen hier ihre frischen, köstlichen Waren an: Obst und Gemüse, Fleisch und Fisch, Wurst und Käse, Brot, Milchprodukte – was man halt so zum Leben benötigt.

Das meiste stammt aus der Gegend, kommt täglich frisch auf den Tisch. Wie vielerorts in Frankreich. Aber nur selten bilden Konstruktionen wie die

HALLES STE. CLAIRE, eine Markthalle in beeindruckendem Stahlbau, oder Freiluftmärkte wie im Viertel Notre Dame einen derart atmosphärischen Rahmen für den Handel.

In Bulles zur Bastille

Einen guten Überblick über Stadt und Umland verschafft ein Besuch der **BASTILLE**. Sie thront bereits seit fünf Jahrhunderten strategisch perfekt über der Isère und beherbergt zudem ein vorzügliches Restaurant mit Aussichtsterrasse. Wer die Treppen und Stiegen hinauf meiden möchte, nimmt Frankreichs älteste städtische Seilbahn, die wegen ihrer runden Kabinen, der **BULLES** (Seifenblasen), längst selbst zu einem Markenzeichen geworden ist.

Hinab ist dennoch der anstrengendere, aber interessante Fußweg die erste Wahl, der zahlreiche schöne Aussichten auf das Zentrum eröffnet. Am Ende des langen Marschs sollte Zeit für einen Besuch im **MUSÉE DAUPHINOISE** einkalkuliert werden. Dauerausstellungen zu „Menschen der Alpen" und „Die große Geschichte des Skis" sind zur Nachahmung empfohlene Beispiele moderner Museumsgestaltung mit spannender Wissensvermittlung für Jung und Alt.

Danach ist man bereit für ein Eintauchen in die Stadt. Umgeben von hochalpinem Gelände mit etlichen 3000er Gipfeln sowie den prächtigen Naturparks **VERCORS** und **CHARTREUSE** präsentiert sich der mittelalterliche Kern als Juwel mit verborgenen Schätzen in engen Gassen. Viele kleine Geschäfte sind hier angesiedelt, Feinkostläden mit Spezialitäten der Dauphine oder Savoyens; Handwerker bieten ihre Dienste an; das Leben pulsiert. Nachtleben, Kultur- und Gastronomieangebot sind nicht zuletzt dank des studentischen Einflusses überbordend. Den jungen Bildungsbürgern ist auch zu verdanken, dass man heute auf den großen Plätzen und in den meisten Parks der Stadt kostenlosen Internetzugang per Hot-Spots findet.

Es bleibt jedem Besucher vorbehalten zu entscheiden, was denn nun von der Alpenmetropole Grenoble zu halten ist. Wer sich Zeit nimmt, wird diese Frage sicher positiv bescheiden. ◀

INFORMATIONEN gibt es auf einer französisch-englischen Internetseite: **www.grenoble-tourisme.com**

In der Markthalle Ste. Claire herrscht täglich ein buntes Treiben, dem man getrost einige Stunden Zeit widmen kann.

Ein Kurven-Paradies

Auf einer Fläche knapp halb so groß wie das Saarland finden sich in diesem westlichen Alpenausläufer prächtige Gipfel, dramatische Schluchten – und jede Menge kurvenreicher Straßen der Extraklasse. Wohin man im Vercors auch abbiegen mag, es ist einfach immer bestes Fahrerlebnis garantiert!

Col de Rousset ist in beide Fahrtrichtungen ein Garant für viel Vergnügen.

TOUREN-STECKBRIEF

BASISORT
Grenoble (45.1868, 5.73585)

STRECKENLÄNGE
ca. 285 km

DAUER DER TOUR
6-8 Stunden, mindestens ein Fahrtag.

ROADBOOK
Grenoble, Saint-Gervais, Rencurel, Choranche, Pont-en-Royans, Saint-Jean-en-Royans, Léoncel, Beaufort-sur-Gervanne, Saint-Croix, Chamaloc, Vassieux-en-Vercors, La-Chapelle-en-Vercors, Villard-de-Lans, Grenoble.

HIGHLIGHTS
Im Vercors weiß man gar nicht, wo man anfangen soll. Es gibt so viele Highlights, dass eine Aufzählung ihnen nicht gerecht werden kann. Natürlich ist Combe Laval (44.98872, 5.33267) zu nennen oder gar die Gorges de la Bourne (45.05869, 5.41023), aber eben auch viele andere Orte…

Der Col de La Machine – was für ein Name für einen Pass – bildet die Zufahrt zum grandiosen Combe Laval.

VOIRON
GRENOBLE
Voreppe
Sassenage
Noyarey
Eybens
Rives
Tullins
Vinay
St-Marcellin
St-Étienne-de-St-Geoirs
Roybon
Pont-en-Royans
St-Jean-en-Royans
la Chapelle-en-Vercors
Lans-en-Vercors
Villard-de-Lans
Vif
Vizille
le Pont-de-Claix
Monestier-de-Clermont
LA MURE
Clelles
Mens
Die
Châtillon-en-Diois
Saillans
Beaufort-sur-Gervanne
Plan-de-Baix
St-Pierre-de-Chartreuse
St-Ismier
Parc Naturel Régional des Hauts-Plateaux du Vercors
Régional de Chartreuse
Champ de tir du Vercors
Forêt domaniale de Chambaran
Massif de la Chartreuse
Col de Rousset
Col de la Machine
Grands Goulets
Gorges de la Bourne
Col de Romeyère
Vassieux-en-Vercors
St-Agnan-en-Vercors
Col de St-Alexis
Montagne de Glandasse
Col de la Croix Haute

Wer das *Vercors*, ein mit gut 1200 Quadratkilometern eigentlich recht überschaubares Gebiet, entdecken möchte, der sollte sich zunächst mal mit ein paar Fakten beschäftigen – und sich diese auf der Zunge zergehen lassen. Es gibt einen Gebirgszug, der von Nord nach Süd verläuft und von keiner einzigen Straße gequert wird, dafür aber zehn

Immer wieder muss sich im Vercors eine Straße durch Fels zwängen.

2000er aufweist. Der spektakuläre 2086 Meter hohe ***Mont Aguille*** gilt als der erste mit Seilen, Eisenhaken und Leitern erkletterte Berg – und damit als Wiege des modernen Alpinismus.

Er ist aber bei weitem nicht der höchste Gipfel des Vercors. Diese Auszeichnung gebührt dem ***Grand Veymont***, der es auf 2341 Meter bringt. Weite Teile dieser Gipfelkette sind seit 1985 in dem mit 170 Quadratkilometer größten Naturschutzgebiet Frankreichs, der Réserve naturelle des Hauts plateaux du Vercors, unter Schutz gestellt.

Das Vercors ist denn auch alles andere als besonders zugänglich. Nur wenige Straßen führen in das Gebiet, in dem sich westlich der Berggipfel ein schier unüberschaubares Labyrinth an Schluchten anschließt. Weil das Vercors rundherum schroff ansteigt, konnte es erst im 20. Jahrhundert für den Verkehr zugänglich gemacht werden. Und das auch nur, weil man dem brüchigen Fels die für eine Fahrbahn notwendigen Meter mit Sprengungen abtrotzte. So entstanden spektakuläre Galerien, Überhänge aus Fels, die eine Motorradtour durchs Vercors mächtig dramatisch machen.

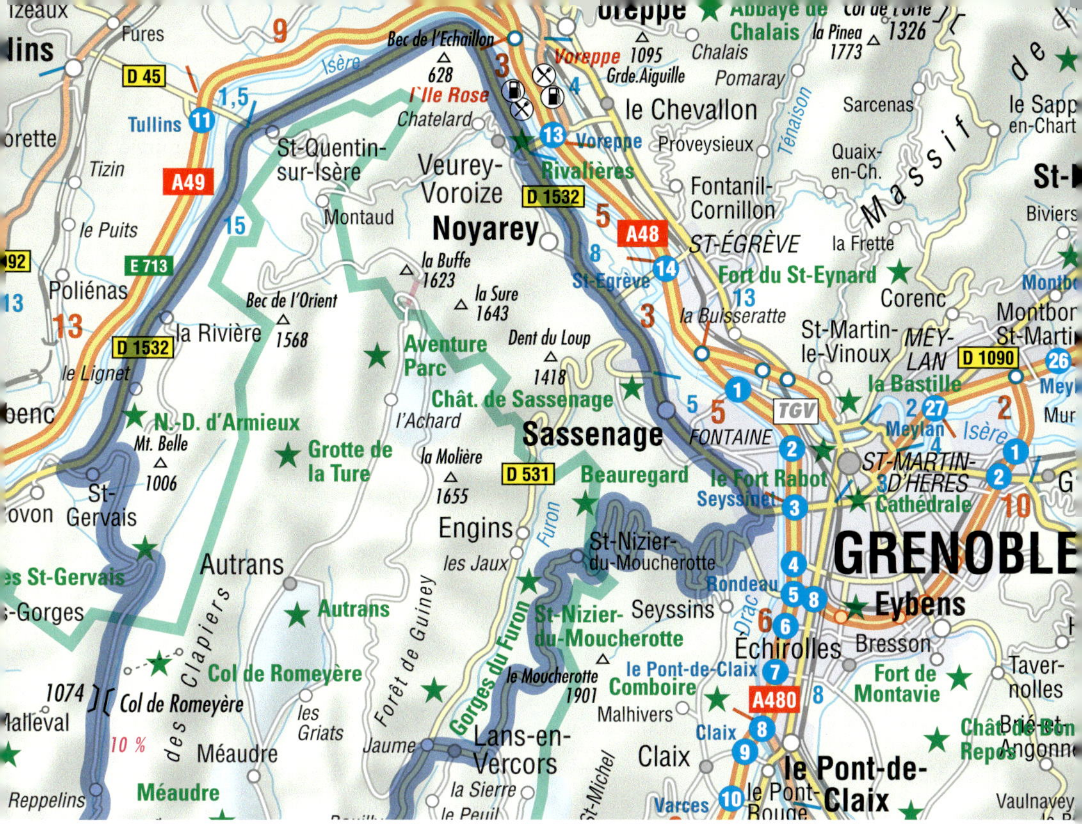

Von *Grenoble* aus muss man mindestens bis *Sassenage* fahren, um einen ersten Einstieg ins Vercors zu finden. Ungleich spannender als die zu ehemaligen Olympia-Schauplätzen führende und daher gut ausgebaute Straße, ist aber die Zufahrt von Nordwesten aus.

Auf der Route des Écouges

Hier erwartet einen die teilweise herausfordernde, sehr schmale und steil ansteigende D35 von *Rovon* zu den oberen *Gorges de la Bourne*. Sie wird auch *Route des Écouges* genannt, führt sie doch geradewegs zum gleichnamigen Canyon und bietet eine erste Begegnung mit dem Schluchtenparadies Vercors.

Es gibt noch eine weitere Zufahrt im Nordwesten, die alternativ – oder bei anderer Gelegenheit – genommen werden kann. Von *Cognin-les-Gorges* aus geht es zunächst über eine

Auch die Gorges du Nan ist eine felsige Herausforderung.

sehr enge, kurvenreiche und steile Strecke durch die atemberaubenden *Gorges du Nan*. In Folge wird auch der *Cirque de Mallevat* erreicht.

Im Anschluss führt die Route weitgehend gerade am Grat entlang und gibt immer wieder Blicke auf die gegenüberliegenden Abbrüche der Kalkkuppen frei, mit denen die meisten Erhebungen des Vercors gekrönt sind. Erst kurz vor der Kreuzung mit der Bourne-Schlucht ist bei *Rencurel* wieder mit Kurven zu rechnen.

Hier befindet sich auch die Departementsgrenze. Man wechselt vom nördlichen Isère ins schon provenzalisch geprägte Drôme. Gen Süden folgt die Route nun zunächst der D103. Es lohnt zudem ein Abstecher auf die vor allem gegen Ende hin kurvenreiche D612, bis dann bald mit *La-Chapelle-en-Vercors* das „Herz" des Gebirgsstocks erreicht ist. Dann geht es über den auf 1100 Metern Höhe gelegenen *Col de Proncel* weiter, an dem sich auch ein Abzweig zum *Col de la Chau* befindet.

Zentrum des Widerstands

Der bleibt auf dieser Tour aber mal unangetastet. Kurz vor *Vassieux-en-Vercors* steht nämlich ein sicherlich nachdenklich machender Halt am Ehrenfriedhof für mehr als 180 gefallene Résistance-Kämpfer an, die zu Füßen ihres abgelegenen Rückzugsgebiets begraben sind. Das schwer zugängliche Vercors war im Zweiten Weltkrieg ein Zentrum des Widerstands. Es diente als Versteck, Ausbildungszentrum und Lazarett.

Die ständigen Überfälle der Partisanen, die von hier aus wichtige Versorgungsrouten der Deutschen Wehrmacht im besetzten Frankreich bekämpften, war den Besetzern natürlich ein Dorn im Auge. Als dann die von den Alliierten versprochene Luftunterstützung gegen Kriegsende zunächst ausblieb, rückte die Deutsche Armee ins Vercors ein und hinterließ neben viel verbrannter Erde auch mehr als 800 Tote, darunter rund 200 Zivilisten, nachdem die Widerstandskämpfer am dem 6. Juni 1944 die République du Vercors ausgerufen hatten – und das nur wenige Wochen vor der Befreiung Grenobles durch die Alliierten.

Im Musée de la Résistance in Vassieux-en-Vercors mit dem Ehrenfriedhof Cimetière National du Vercors werden die Geschehnisse dieses Widerstandes eindrucksvoll dokumentiert, ebenso im Résistance-Museum von Grenoble.

Nachdenkliche Pause am Friedhof der Resistance.

Der eher unscheinbare *Col de Saint-Alexis* bringt einen dann auf 1222 Meter. Bald darauf ist der *Col de Rousset* erreicht. Auf 1254 Metern gelegen gehört er zum gleichnamigen Skigebiet. Außerdem bildet der Pass, dessen ehemaliger Scheitel nicht mehr befahrbar ist und durch einen Tunnel ersetzt wurde, so etwas wie eine Wetterscheide. Es kommt häufig genug vor, dass schlechtes Wetter im Vercors ansatzlos übergeht in die Sonne des Südens, die einem bei Ausfahrt aus dem Tunnel ins Gesicht lacht.

An dieser Stelle befindet sich auch der zu einem Parkplatz umfunktionierte Abzweig auf die alte Trasse. Die eigentliche Passhöhe befindet sich auf 1367 Metern Höhe und ist von hier aus nur zu Fuß erreichbar. Dennoch sollte man unbedingt anhalten und an dem grandiosen Aussichtspunkt betrachten, was vor einem liegt.

Die Südrampe des Col de Rousset zählt nämlich zu Frankreichs ganz feinen Motorradstrecken. In weitläufigen Kehren windet sich der Weg abwärts ins provenzalische Drôme hinein. Die Aussichten sind überwältigend, die Strecke ist als überaus fahraktiv zu bezeichnen. Da juckt es sicher in der Gashand, die 15 Kilometer zwischen Passhöhe und dem Lavendelörtchen *Chamaloc* gleich mehrfach unter die Räder zu nehmen.

Für die Weiterfahrt rollt die Route jetzt nach *Die* hin entlang erster Lavendelfelder gemächlich aus. Das Städtchen gilt nicht nur als das „Tor

zum Süden“, sondern bietet sich auch für einen Mittagsstopp auf dieser Runde an. Der große Parkplatz am Office de Tourisme eignet sich bestens zum sicheren Abstellen des Motorrads.

Attraktiver Marktflecken

Gleich nebenan lädt ein Restaurant mit in einem kleinen Park verteilten Tischen zum Essen. Hier befindet sich auch der Zugang zu den engen Gassen des mittelalterlichen Zentrums, dessen Herzstück die Kathedrale aus dem sechsten Jahrhundert ist. Mittwochs und samstags findet vor ihren Toren zudem ein überaus attraktiver Markt mit den Köstlichkeiten des Diois statt.

Und Die hat zumindest für Sozias eine weitere Attraktion zu bieten, nämlich den fruchtig-süffigen und

Für den Fahrspaß am Col de Rousset gibt es beide Daumen!

Col de la Bataille, der über einen Tunnel erreicht wird, ist Höhepunkt der Drôme-Pässestraße.

moussierenden Schaumwein Clairette de Die. Motorradfahrer hingegen finden im weiteren Verlauf der Route noch reichlich Leckerbissen, die auch für mehrere Tage Aufenthalt genügen würden – und noch lange nicht alle der traumhaften Möglichkeiten darstellen, die Biker hier vorfinden. Da geht es etwa über den höchstens anderthalbspurigen, mit engen Kehren bestückten *Col de la Croix* westwärts.

Die Streckenführung nimmt eine scharfe Wendung nordwärts und verfehlt am *Col de Bacchus* nur noch knapp die 1000 Meter-Marke. Die knackt der *Col de la Bataille* als Höhepunkt der Drôme-Pässestraße mit seinen 1313 Metern problemlos. Auch der *Col de la Portette* bleibt mit seinen 1175 Metern deutlich darüber.

Damit hat man sich dann auch so langsam, aber freudig den nach-

folgenden Höhepunkte des Vercors genähert, die wie Perlen an der Schnur auf ihre Bezwinger warten. Der Name *Col de la Machine* lässt schon das Wasser im Mund zusammenlaufen, bildet er doch den kurvenreichen Einstieg in eine der schönsten Panoramastraßen Europas: *Combe Laval*.

Nur ein kleines Mäuerchen

Bis zu 600 Meter tief hat sich die Laval-Schlucht hier eingegraben. Die Straße wurde dem nackten Fels abgetrotzt, sieht mancherorts wie mit Hammer und Meißel aus dem Gestein geschlagen aus. Hier ein Felsbogen, ein schmaler, unbeleuchteter Tunnel, dort immer wieder der Blick (nur für Schwindelfreie) in die Tiefe der Schlucht. Randbefestigung? Ja, gibt es, aber sie ist als kleines Mäuerchen ausgeführt nicht wirklich vertrauenserweckend. >

Traumstraße Combe Laval: Die gehört auf die To do-Liste eines jeden Motorradfahrers.

In Pont-en-Royans kleben die Häuser hoch über dem fluss am Fels.

Allerdings ist hier bei aller Freude über Streckenführung und die Baukünste der Franzosen auch Aufmerksamkeit gefordert. Es liegt in der Natur solcher Strecken, dass vor allem nach Regen mit Steinschlag und bis zu fußballgroßen Felsstücken auf dem auch manchmal brüchigen Asphalt gerechnet werden muss. Dennoch darf man sich diese Strecke auf keinen Fall entgehen lassen!

In *Saint-Jean-en-Royans* gibt es zum wiederholten Male die Qual der Wahl: Noch einen Abstecher auf den *Col de Tourniol*, dessen enge, kehrenreiche Nordwestrampe lockt. Oder doch nach *Pont-en-Royans*, diesem malerischen Kleinod des Vercors? Der Routenvorschlag gibt Letzteres vor, nicht zuletzt weil sich hier die *Gorges de la Bourne* anschließen.

Das schnuckelige Pont-en-Royans lädt zunächst zum Verweilen. Auf einen Café sollte man wenigstens bleiben, die Atmosphäre des alten Städtchens aufsaugen und Luft holen für den Rest der Etappe. Die Häuser finden in der schmalen Schlucht kaum den nötigen Platz, vom Verkehr ganz zu schweigen. Auf der einen Seite sind die Gebäude teilweise in den Fels hineingebaut, am anderen Ufer des für diesen tiefen Graben verantwortlichen

Die Grotte von Chorange ist einen längeren Aufenthalt zur Besichtigung sicherlich wert.

Wildbachs kleben sie derart abenteuerlich am Fels, dass man sich kaum vorstellen kann, jemals einen der windschiefen Balkone zu betreten, die über die Schlucht hinaus ragen.

Wer das nun folgende Highlight befahren möchte, der sollte sich zuvor aber erkundigen, ob es auch geht. Die Straße durch die Bourne-Schlucht ist bereits seit einigen Jahren im Frühjahr (meistens April) sowie im Herbst (meistens von Mitte September bis Mitte Oktober) wegen umfassender Sicherungsarbeiten gesperrt. Von den rund 20 Kilometern zwischen Pont-en-Royans und dem Hauptort des Vercors, ***Villard-de-Lans***, sind zwar immer nur einzelne Abschnitte betroffen, aber mangels Alternativen kann eine Umgehung sich ganz schön in die Länge ziehen. Infos hält das Office de Tourisme de Pont-en-Royans Porte du Vercors bereit – zumindest in französischer Sprache auch online...

Die Grotte von Choranche

In den Gorges de la Bourne befindet sich übrigens auch die erschlossene Grotte von Choranche, die mit ihren bis zu 15 Meter hohen Sälen, Versteinerungen und eindrucksvollen Tropfsteingebilden zu begeistern weiß. Sie beherbergt zudem einen unterirdischen See von etwa 50 Meter Länge und bis zu acht Metern Tiefe.

Aber wieder zur Tour, die hier einen ganz außergewöhnlichen Verlauf nimmt: Die Strecke klebt am Felsen,

Gigantische Felsüberhänge, darunter ein schmaler Pfad – das sind die Straßen des Vercors.

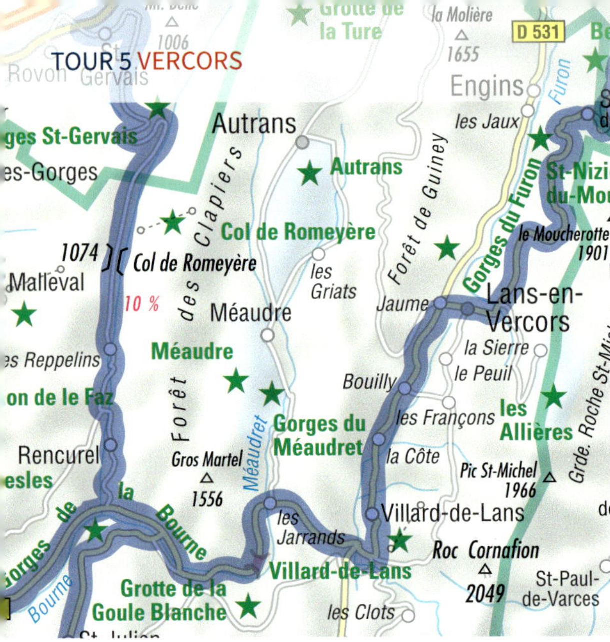

die Schlucht öffnet und schließt sich, gibt immer wieder wechselnde Ausblicke frei, die einem den Atem verschlagen. Bei alledem muss konzentriert gefahren werden, denn die enge Wegstrecke zwingt selbst Motorradfahrer zur Achtung vor dem Gegenverkehr – der aber, außer an Wochenenden, zugegebenermaßen selten bleibt.

Der Spuk der Enge ist vorbei

Vor Villard-de-Lans, das sich ganz dem nachhaltigen Tourismus verschrieben hat, öffnet sich die Schlucht endgültig. Der Spuk der Enge ist auf einen Schlag vorbei. Die Route verläuft nun über die zentrale Hochebene des Vercors. Die D531 würde weitgehend unspektakulär dem nord-südlichen Verlauf dieses von Tourismus und Landwirtschaft geprägten Gebiets folgen. Für den Rückweg nach Grenoble bietet sich aber ein bessere Alternative an.

Schon in *Lans-en-Vercors* zweigt die D106 rechts ab. Sie schlängelt sich in zunächst weiten Windungen an den nördlichen Ausläufern der Vercors-Gipfelkette entlang. Dann wird die Streckenführung wilder, kurviger und bringt eine Menge Fahrspaß mit sich.

Glühende Felswände

Hinter *Saint-Nizier-du-Moucherotte* schleichen sich die ersten Kehren in die Route ein. Gleich darauf öffnet sich ein phänomenaler Ausblick auf Grenoble und die dahinter dramatisch ansteigenden Alpen des Encrins-Massivs rund um den 4102 Meter hohen *Barre des Encrins*. Wer die Rückkehr für den späten Nachmittag getimt hat, der kann zudem darauf hoffen, dass die letzten Sonnenstrahlen des Tages die Felswände des Gebirges in allen möglichen Rot-Changierungen erglühen lässt – ein unvergleichliches Spektakel.

Nach diesem Genuss lässt sich auch die Rückkehr in den rund um Großstädte üblichen Verkehr zu Feierabend verschmerzen. Dennoch bleibt Grenoble allein schon aufgrund seiner im weiten Umkreis unvergleichlichen Infrastruktur als Basis für Touren in diesem Abschnitt der französischen Alpen eine gute Wahl. ◀

INFOS ZUR TOUR

CHARAKTERISTIK

Das Vercors ist für uns die herausragende Gegend zum schwindelig fahren. Egal, wohin man auf einer der kleinen Straßen durch das Kalksteinmassiv abbiegt, es eröffnet sich wieder ein wahrhaft fahraktiver Weg. Ob für einen Tag oder eine ganze Woche, hier wird einem nie langweilig. Aufmerksamkeit ist auf den vielen am Fels klebenden Strecken aber angesagt. Natürlich nagen Witterung und Erosion am Fels und hinterlassen so manchen Brocken in der Spur. Wer sich dessen bewusst ist, wird auch ob der grandiosen Ausblicke aber seine helle Freude am Vercors haben.

PÄSSE DER TOUR

Col de Romeyère (45.143866, 5.479667)	1074 m
Col Gaudissart (45.004933, 5.329721)	840 m
Col de la Machine (44.976519, 5.333347)	1011 m
Col de la Bataille (44.897805, 5.233741)	1313 m
Col de Bacchus (44.851626, 5.174239)	991 m
Col de la Croix (44.821009, 5.242238)	758 m
Col de Rousset (44.839591, 5.402269)	1254 m
Col de Proncel (44.928090, 5.382443)	1100 m

ÜBERNACHTUNG

Tagsüber schwindelig fahren, abends das vielfältige Angebot der Großstadt genießen. Kann man machen, wenn man in Grenoble übernachtet. Wer sich aufs Fahren konzentrieren möchte, bleibt im Vercors. Zu beidem haben wir einen Tipp.

Splendid Hôtel
22 Rue Thiers, F-38000 Grenoble
Große Zimmer, gute Lage, sicheres Parken.
www.splendid-hotel.com
GPS 45.18685, 5.72094

Hôtel Col de la Machine
Col de la Machine, 26190 Saint-Jean-en-Royans
Wenn schon im Vercors, dann hier. Direkt am Pass gelegen, eigenes Restaurant, Garagen vorhanden.
www.hotel-coldelamachine.com
GPS 44.97672, 5.33355

KOMBINATIONSMÖGLICHKEITEN

Diese Tour ist mit Bauges-Chartreuse (Tour 4) und der Route Napoléon (Tour 10) kombinierbar. Es bietet sich auch ein Abstecher in die Ardèche an.

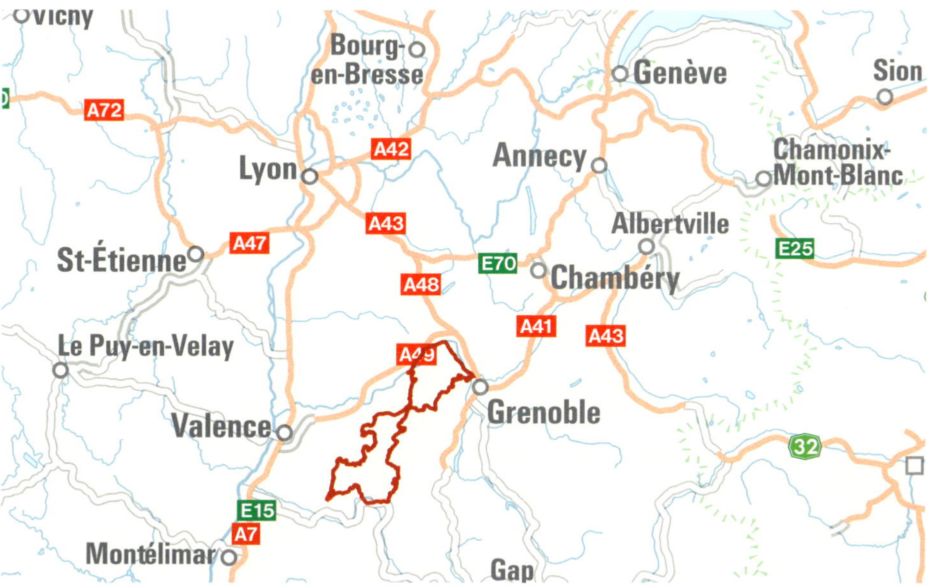

Von Düften **und Farben**

Die blau-violetten Lavendelfelder, das herausragende Merkmal der Provence, präsentieren sich in der Drôme in den unterschiedlichsten Landschaften. Sie sind sogar unterhalb eines Gebirgsmassivs zu finden.

Von Juni bis August steht der Lavendel in der Blüte und entfaltet dabei seine ganze Farbenpracht.

TOUREN-STECKBRIEF

START- UND ZIELORT

La Chapelle-en-Vercors (44.96733, 5.41584)
Ferrassières (44.12637, 5.4872)

STRECKENLÄNGE

ca. 305 km

DAUER DER TOUR

7-9 Stunden, Empfehlung für diese Tour: 2 Fahrtage

ROADBOOK

La Chapelle-en-Vercors, Chamaloc, Magnac-en-Diois, Saint-Julien-en-Quint, Beaufort-ur-Gervanne, Mirabel-et-Blacons, Barsac, Die, Monmaur-en-Diois, Luc-en-Diois, Valdrôme, La Motte-Chalancon, Curnier, Buis-les-Baronnies, Montbrun-les-Bains, Ferrassières

HIGHLIGHTS

Farben und Gerüche sind die Highlights dieser Tour. Und die lassen sich am besten auf einem Motorrad genießen, zumal auf den kurvenreichen Strecken der Drôme.

Ist der Col de Rousset erst mal überwunden, geht es locker hinab ins leckere Lavendelland.

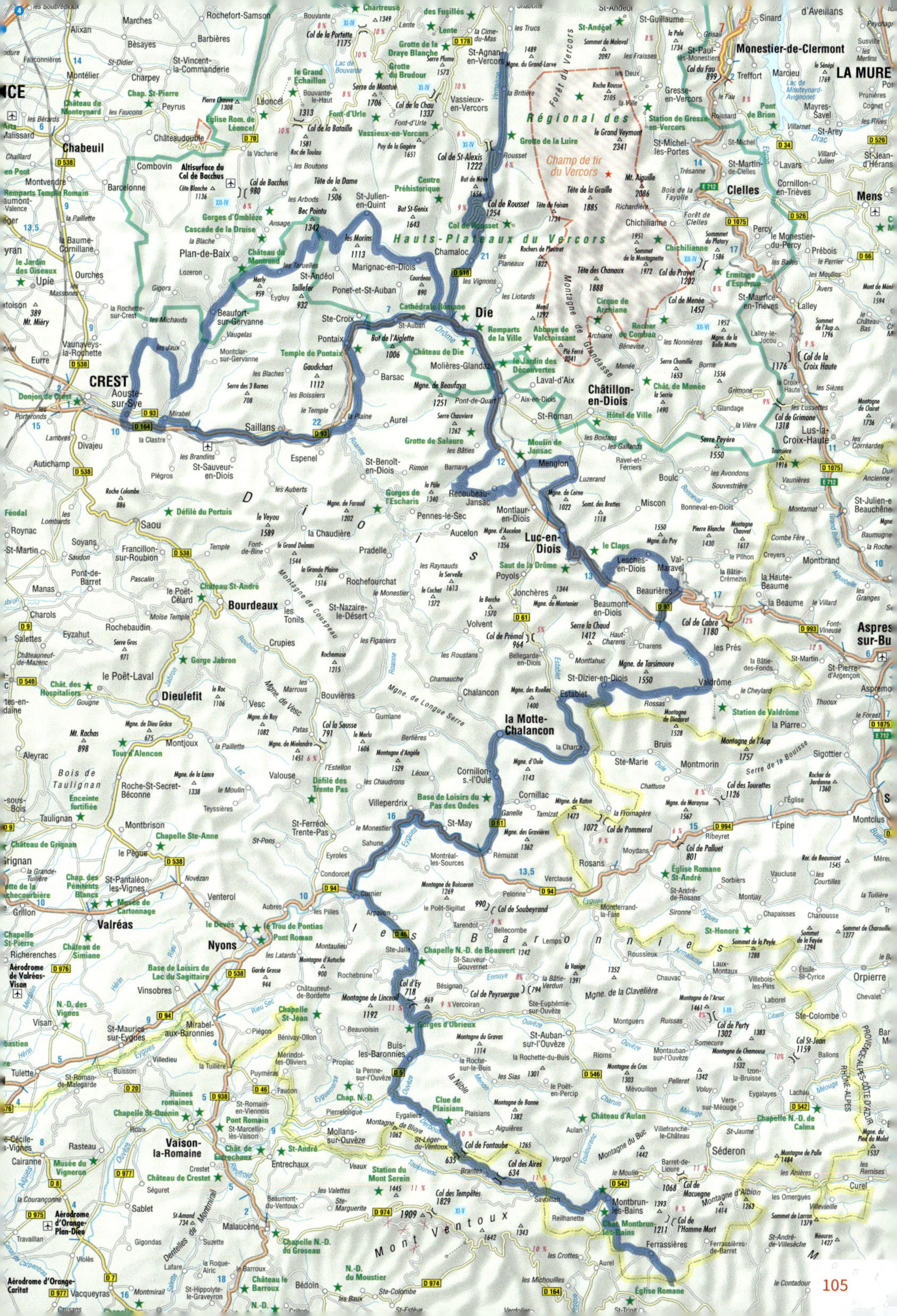
Chabeuil
Crest
Aouste-sur-Sye
Saillans
Die
Hauts-Plateaux du Vercors
Régional des
Champ de tir du Vercors
Monestier-de-Clermont
La Mure
Clelles
Mens
Châtillon-en-Diois
Luc-en-Diois
Lus-la-Croix-Haute
Aspres-sur-Buëch
Bourdeaux
Dieulefit
la Motte-Chalancon
Valdrôme
Rosans
Nyons
Valréas
Vaison-la-Romaine
Buis-les-Baronnies
Mollans-sur-Ouvèze
Montbrun-les-Bains
Séderon
Orpierre
Mont Ventoux
Saou
Diois
Baronnies
Col de Rousset
Col de Menée
Col de Grimone
Col de Cabre
Col de Perty
Col de Fontaube
Col des Aires
Col de Macuègne
Col d'Ey
Col de Pommerol
Col de Palluel

Gleich hinter den Gipfeln des Vercors beginnt das Lavendelgebiet der Drôme.

Kontrastreicher kann der Wechsel der Landschaftsformen kaum sein: Eben noch fährt man hoch konzentriert durch die grandiose Schlucht *Combe Laval* inmitten des durch tiefe Täler und steile Felsabbrüche charakterisierten Gebirgsmassivs *Vercors*. Es ist gar nicht so leicht, sich auf die teils recht schmalen, asphaltierten Gebirgssträßchen zu konzentrieren, denn die Ausblicke hinab in die Tiefe sind stellenweise gar zu verführerisch.

Der Vergleich zum US-amerikanischen Grand Canyon wird gerne für die Landschaft verwendet – und trifft auch tatsächlich zu. Doch wie gesagt: Vorausschauendes Fahren ist hier Voraussetzung. Dies gilt vor allem für den Gebirgspass *Col de Rousset*, der sich sehr kurvenreich gibt und nach Erreichen des Tunnels, der die ursprüngliche Passhöhe auf 1254 Metern „untergräbt", steil hinab führt.

Neue Klimazone erreicht

Trotz angenehmer Sommertemperaturen kann man nach der Durchfahrt des 200 Meter langen Tunnels förmlich spüren, dass eine neue Klimazone erreicht wurde. Man ist nun definitiv im Süden angekommen – erstaunlich genug, da man sich nach wie vor innerhalb ein und desselben Departements, und zwar in der Drôme, befindet.

Beim Örtchen *Chamaloc* erblickt man dann endlich das, was dieser Route ihren Namen gibt: Lavendel. Eingerahmt in die letzten Ausläufer des Vercors präsentiert sich einige der am nördlichsten gelegenen Lavendelfelder Frankreichs mehr als prachtvoll. Dennoch ist es nur eines von vielen, die einem auf den folgenden Kilometern immer wieder begegnen werden.

Wunderpflanze Lavendel

Erstaunlicherweise wird die blauviolette „Wunderpflanze" vornehmlich mit der Haute-Provence in der Nachbarregion von Rhône-Alpes in Zusammenhang gebracht. Wer sich allerdings um Mitte Juli – der Hauptblütezeit des Lavendels – in der Drôme aufhält, wird darüber nur erstaunt den Kopf schütteln können. All die Provence-Liebhaber scheinen nie einen Abstecher in diesen Teil Frankreichs gemacht zu haben, denn die leuchtenden Lavendelfelder sind selbst von weitem nicht zu übersehen, und vor allem kann der typische Geruch selbst mit Schnupfennase nicht ignoriert werden.

Nach der Ernte (oben) wird der Lavendel destilliert (unten).

Im Land an der Drôme

Die grauen Felswände des Vercors noch im Rücken, führt der Weg nun in die provenzalische Bergwelt des *Diois*. Der Name bedeutet soviel wie „im Land an der Drôme". Letzteres ist nicht nur der Name des Départments, sondern auch die Bezeichnung des ihn prägenden Flusses sowie ein gutes Etappenziel. Bevor man aber dem Städtchen *Die* mit seinem besonders gut erhaltenen mittelalterlichen Zentrum einen Besuch abstattet und dort den ersten Tag ausklingen lässt, sollte man noch auf einer rund 90 Kilometer langen Rundfahrt zunächst den nördlichen Teil dieser Region erkunden, in der gleich vier Lavendelerzeuger Führungen anbieten. >

Kurvenreich windet sich die Route am Südende des Vercors über kleine Pässe.

Besonders verlockend scheint der Besuch der Imkerei La Miellerie des Chardons Bleus nicht weit vom Örtchen ***Beaufort sur Gervanne*** im ***Gervanne-Tal***. Hier kombinieren Evelyn und Ralph ihre Honigerzeugnisse mit den violetten Pflanzen, aber auch Kräutern, Sonnenblumen und Esskastanien. Die beiden lassen Besucher gerne einige ihrer Produkte probieren, und es fällt schwer Abschied zu nehmen. Spätestens nachdem sie ihre bezaubernde Ferienwohnung zeigen, möchte man absatteln und sich ganz einem entspannenden Abend hingeben.

Grauer Fels, sanfte Flüsse

Aber noch es geht weiter, in Richtung Westen. Hier, im Tal der Drôme-Diois ist die Landschaft von grau-weißem Felsgestein und sanften Flusslandschaften geprägt. Immer wieder verläuft die Route durch liebliche Seitentäler, die oftmals in die Felsen des Vercors hinaufzuklettern scheinen. Auch trutzige Burgruinen, die eine fast morbide Ausstrahlung inmitten der schönen Natur verströmen, gibt es abseits des Weges häufig zu entdecken.

Für die Fahrt über ***Cobonne***, ***Aouste sur Sye***, weiter nach ***Vercheny*** und ***Ste Croix*** sind doch einige Stunden einzuplanen, obwohl die Strecke zurück nach Die, dem Ausgangspunkt dieses Abstechers, nur etwa 90 Kilometer lang ist. Das liegt nicht zuletzt am Routenprofil. Ist das hübsche Drômetal erst einmal verlassen, sind es nicht

nur die Lavendelfelder, die verzücken. Kurvenreich winden sich die zu befahrenden Straßen entweder durch weitere Flusstäler oder, wie etwa am *Col de la Croix*, die Berge hinauf.

Allein auf den Pässen

Zusammen mit dem etwas breiter ausgebauten, aber mit einigen schönen Aussichtspunkten aufwartenden *Col de Marginac* bietet der Col de la Croix eine landschaftlich schöne Alternative zur D93, die zuvor von Die nach *Crest* dem Verlauf der *Drôme* folgte. Da der Verkehr hauptsächlich über diese Talachse fließt, ist man als Motorradfahrer in den Höhenlagen dieser beiden Pässe ziemlich allein unterwegs.

Am späten Nachmittag wird man dann in Die angekommen sein. So lässt sich noch ein kleiner Spaziergang innerhalb der Stadtmauern genießen. Die in diesem Teil der Drôme häufig scheinende Sonne – das Gebiet ist mit über 3000 Sonnenstunden pro Jahr gesegnet – taucht die kleinen Häuser und die bezaubernde Mini-Kathedrale in ein goldenes Licht. Erstaunlich viele Touristen – in den Sommermonaten rund 12000 – kann das Städtchen mit seinen nur etwa 5000 Einwohnern alljährlich begrüßen; doch Deutsche sind nur selten dabei.

Dabei gibt es in der Stadt einiges zu entdecken. Ihre Ursprünge liegen im ersten Jahrhundert. Anhand von

Im Diois folgt die Straße oft den landschaftlichen Gegebenheiten (rechts).

archäologischen Funden in der Kirche Notre Dame ließ sich nachweisen, dass Die einst sogar Bischofssitz gewesen ist. Bei einer geführten Runde durch den Ort kommt es durchaus vor, dass der Guide einen Schlüssel aus seiner Hosentasche herauskramt, um mit ihm eine Tür aufzuschließen, die Besuchern den Aufstieg auf das Kirchendach ermöglicht. Von dort oben hat man einen guten Blick, nicht nur in die umliegenden Gassen, sondern auch weit ins Diois hinein. Umgeben von einigen kapitalen Gipfeln liegt ein fruchtbares Tal vor dem Betrachter, in dem neben Lavendel auch Wein angebaut wird.

Oliven hingegen sucht man, trotz des eigentlich passenden Klimas, vergebens. Das liegt vor allem an den Wälder, die hinter den Stadtmauern zu erkennen sind und in denen sich verschiedene Nussbäume identifizieren lassen. Dementsprechend dienen hier Nussöle der Verfeinerung der Speisen. Dies sollte man natürlich testen und und sich dazu in einem der urigen Chambres d'hôtes von Die einquartieren.

Das französische B & B

Diese ganz spezielle französische Art des Bed & Breakfast hat sich in den letzten 20 Jahren stetig weiterentwickelt. Gemeinsam mit dem starken Trend in der französischen Küche, sich wieder auf lokale Produkte für regionale Gerichte zu konzentrieren bieten viele Herbergsleute mittlerweile auch das beliebte Table d'hôte an, gewissermaßen Halbpension mit Familienanschluss und einem ganz starken

Fokus auf die jeweilige Region. Wer also – und das gilt für ganz Frankreich – diese sympathische Art der Unterkunft wählt, sollte immer auch nach einem möglichen Table d'hôte fragen. Viele bieten es nämlich nur auf Bestellung an.

Hier im Diois kommt man so am Besten in den Genuss von diversen Nussölen. Nicht selten wird zu einem klassischen Table d'hôte auch der regionale Aperitif angeboten: eine Mischung aus Lavendel und Clairette de Die, dem örtlichen, besonders fruchtigen und alkoholreduzierten Sekt.

Der Schaumwein, seit 1993 bereits eine Appellation d'Origine Contrôlée (geschützte Herkunftsbezeichnung), muss nach den Regeln der „méthode dioise ancestrale" erzeugt werden. Dabei wird der frisch gepresste Most vor der Gärung für zwei Tage bis kurz unter den Gefrierpunkt abgekühlt und dann bei niedrigen Temperaturen gären gelassen.

Der noch nicht ausgegorene, süße und stille Wein wird anschließend auf Flaschen gezogen. Dabei verfügt der halbvergorene Most noch über einen Restzuckergehalt von mindestens 55 Gramm pro Liter. In der Flasche gärt der Wein dann weitere vier Monate und erreicht einen Alkoholgehalt von etwa 7,5 Prozent bei einer verbleibenden Restsüße von mindestens 35 Gramm pro Liter.

Der Anteil der Muskat-Traube am Clairette de Die muss bei mindestens

Neben Lavendel lebt man im Diois auch von einem speziellen Schaumwein, dem Clairette de Die.

Die Fahrstrecken bei Buis-les-Baronnies sind schlicht ein „Biker‘s Dream“.

Über die malerisch angelegte D 61 wird La Motte-Chalancon erreicht.

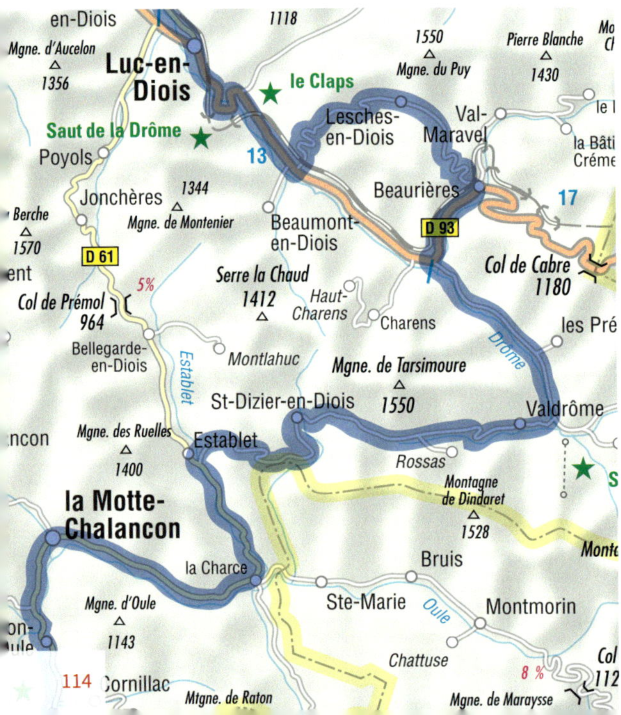

75 Prozent liegen, verleiht sie doch dem fertigen Produkt seine fruchtige Muskatnote. Namensgeber ist aber die Clairette Blanche.

Die Lavendelroute führt von Die aus nun noch weiter in Richtung Süden. Sie folgt der Straße D93 und verbleibt auf den Kilometern bis nach ***Moulin de Jansac*** immer in Sichtweite des Flusses Drôme. Dort zweigt sie in Richtung ***Barnave*** ab, verläuft mitten durch üppige Lavendelfelder, um schließlich auf einer sehr anregenden Kurvenstrecke über ***Jansac*** bei ***Recoubeau-Jansac*** wieder zur Hauptstraße D93 zu gelangen.

Südlich von ***Luc-en-Diois*** nimmt die Straße den Schwung der Drôme auf und folgt in einer weitläufigen Schleife den Geländevorgaben des Durchbruchs, den das Gewässer hier in den Fels gemeißelt hat. Ein kleiner Parkplatz bietet sich zur Rast an diesem beliebten Fotomotiv an.

Höhenlagen um 1500 Meter

Für einen fahrspaßigen Abstecher bietet sich etwas später die D175 an. Sie verlässt das Tal der Drôme bergan in einer Handvoll engen Kehren bis zum Col la Croix, zieht vorbei am Dörfchen ***Leches-en-Dios*** und windet sich abschließend noch enger und kurviger hinab nach ***Beaurières***. Dort verbindet sie sich erneut mit der D93 und passiert bald darauf dichte Waldgebiete. Auf der abzweigenden D306 geht es dann nach ***Valdrôme***, einen Ferienort auf Höhenlagen um 1500 Meter, der sich in den letzten Jahren zu einem sommerlichen Outdoor-Zentrum entwickelt hat.

Über die D106 geht es in Richtung Westen bis zur D61. Zwei Pässe machen die Etappe zum Vergnügen: der 1115 Meter hohe *Col de la Rossas* und der 1056 Meter hohe *Col du Fays*.

Durch die Blauen Täler

In *La Motte-Chalancon* biegt die Route einmal scharf links ab und steuert auf *Rémuzat* zu. Der Ort markiert den Übergang vom Diois zu den provenzalischen Voralpen. Die Flusstäler, die von der Lavendelroute zum Abschluss durchquert werden, werden gerne auch *La Vallée Bleue* – die Blauen Täler – genannt. Kein Wunder, sind doch beiderseits der Gewässer und wo immer die felsige Umgebung es zuließ jede Menge der markanten Lavendelfelder zu sehen. Der unverwechselbare Geruch liegt nicht nur ab und zu, sondern ständig in der Luft. Es ist fast wie ein Fahrt durch eine Parfümerie.

Im malerischen *Buis-les-Baronnies*, dem Hauptort der gleichnamigen südfranzösischen Land-

Kurvenreich geht es nach Rémuzat weiter.

EXTRA-TIPP

Der Tourismusverband Drôme hat eine deutschsprachige Broschüre mit fünf Rundstrecken durch die vielseitigen Landstriche, in denen **LAVENDEL** gedeiht, herausgegeben. Hinzu kommen Adressen zu Lavendelbauern, die Führungen bieten, Verkaufsstellen und Hotel- und Restauranttipps. Die Blütezeit des Lavendels erstreckt sich von Ende Juni bis Ende August. Sie variiert je nach Varietät, Klima, Höhen-und Breitenlage. Im Tal der Drôme-Diois beginnt das Lavendelpflücken Anfang Juli in der Umgebung von Crest und dauert bis Anfang August an den höchsten Stellen des Dios. **www.drome-tourismus.com**

schaft, deren größter Flächenanteil sich in der Drôme befindet, sollte man sich nicht nur die wohl verdiente Kaffee-Pause gönnen, sondern auch das sehenswerte Dominikanerkloster aus dem ausgehenden 16. Jahrhundert etwas näher betrachten. Vom Endpunkt der Lavendelroute trennen einen hier noch rund 40 Kilometer. Es ist *Ferrassières*, genauer: das Château de la Gabelle, das Margueritte mit ihrem Sohn Michel bewirtschaftet.

Nun darf man sich darunter kein hochherrschaftliches Gebäude vorstellen. Vielmehr ist es ein seit Jahrhunderten betriebener Lavendel-Bauernhof, der rund um eine alte Burgruine entstanden ist.

Michel erklärt gerne inmitten seines 315 Hektar großen Lavendelanbaugebietes praxisnah den Unterschied von Lavande und Lavandin. Ersteres bezeichnet die qualitativ hochwertigere Pflanze, deren ätherische Öle vor allem für Parfüms eingesetzt werden. Das Lavandin ist zwar bei weitem keine minderwertige Alternative, allerdings ist der Duft nicht ganz so intensiv. Daher wird es vor allem in der Produktion von Seifen und Waschmitteln verwendet. Klar erkennbar ist dies auch in der Beschaffenheit der Pflanze, die insgesamt länger ist, doch deren Blüten weniger blau sind.

Von der Ruine zum Gîte

Frau Mama hingegen hat das Château de la Gabelle über ein Jahrzehnt peu à peu von einer Ruine in ein Gîte (ein Gästehaus) verwandelt, in dem sich der Abschluss einer Tour über die Lavendelroute passend wie sonst nirgends begehen lässt. Von hier kann man dann auch einer weiteren Köstlichkeit der Drôme folgen – der Olive. Eine passende Route beschreibt das folgende Kapitel.

INFOS ZUR TOUR

CHARAKTERISTIK

Wenn der Lavendel blüht, wird ein Teil der südlichen Drôme in ein blau-violettes Farbenkleid gesteckt. Doch auch zu anderen Zeiten weiß unser Vorschlag zu gefallen: mit Kurven und Pässen satt.

PÄSSE DER TOUR

Col de Rousset (44.839591, 5.402269)	1254 m
Col de Marignac (44.815228, 5.301569)	743 m
Col de la Croix (44.821009, 5.242238)	758 m
Col de la Rossas (44.506667, 5.510416)	1115 m
Col du Fays (44.502261, 5.473058)	1056 m
Col d'Ey (44.312703, 5.277643)	718 m
Col de Fontaube (44.208358, 5.312963)	635 m
Col des Aires (44.195405, 5.341094)	634 m

ÜBERNACHTUNG

La Petite Auberge
13 Avenue Sadi Carnot, F-26150 Die
Renovierte, große Zimmer, Garagen für Motorräder und bestes Essen. Ausprobieren!
www. lapetiteauberge-traiteur.com
GPS 44.75865, 5.36337

Auberge L'Oustaou
1 Rue Saint Jean, F-26310 Valdrôme
Einfache Zimmer, herrlich frische Küche, Terrasse, Stellplätze. Ein Bistrot de Pays wie es sein soll.
www.oustaou-valdrome.com
GPS 44.50466, 5.57266

Gîte Chateau de la Gabelle
F-26570 Ferrassières
Das Essen ist Bio und kommt frisch auf den Tisch, die Zimmer sind schlicht schön und als Burgherr ist man auch nicht alle Tage unterwegs. Perfekt.
www.chateau-la-gabelle.com
GPS 44.12637, 5.4872

KOMBINATIONSMÖGLICHKEITEN

In der beschriebenen Richtung befahren, bietet sich eine Fortsetzung auf der westlich verlaufenden Oliven-Route (Tour 7) an. Außerdem geht es in der Verlängerung der Strecke recht direkt zum Grand Canyon du Verdon weiter (Tour 8). Und zur Rückkehr kann man sich an beliebiger Stelle in die Route Napoléon einklinken (Tour 10).

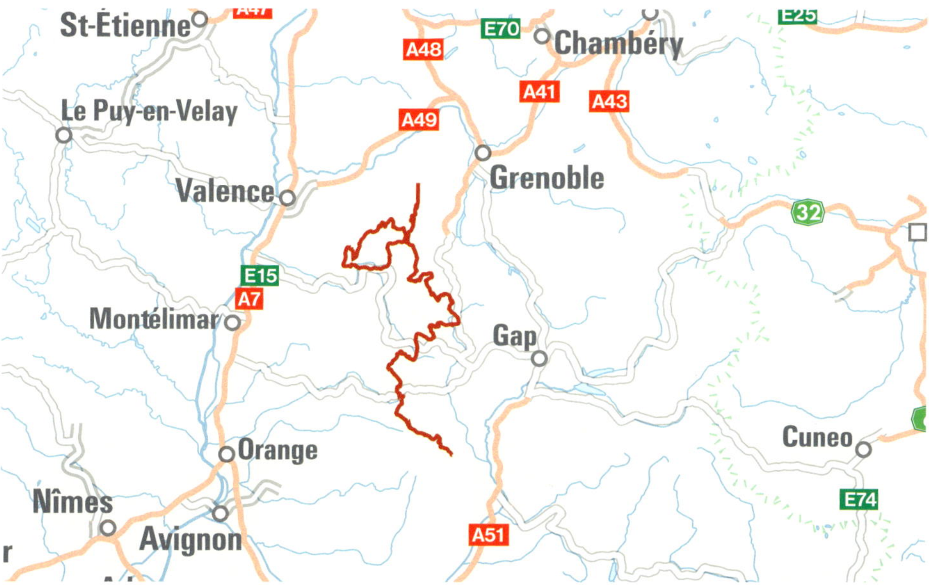

Das Gold des Südens

Der Süden von Rhône-Alpes ist bereits provenzalisch geprägt. Nichts macht dies anschaulicher, als eine Tour durch das Olivenland in der südlichen Drôme.

Der Olivenanbau ist in der Drôme bis heute Handarbeit.

TOUREN-STECKBRIEF

BASISORT
Nyons (44.36032, 5.13968)

STRECKENLÄNGE
ca. 235 km

DAUER DER TOUR
6-8 Stunden, 1-2 Fahrtage

ROADBOOK
Nyons, Mirabel-aux-Baronnies, Mérindol-les-Oliviers, Malaucéne, Mont Ventoux, Sault, Ferassières, Montbrun-les-Bains, Eygaliers, Buis-les-Baronnies, Saint-Saveur-Gouvernet, Rémuzat, Cornillon-sur-l'Oule, Arnayon, Bouvières, Valouse, Condorcet, Nyons.

HIGHLIGHTS
Das fahrerische Highlight dieser Kulinariker-Tour ist der Mont Ventoux (44.17354, 5.27855). Der kahle Bergrücken darf nicht unterschätzt werden, es kann dort mächtig stürmen. Unbedingt vorab vor Ort informieren!

Erstklassige Öle kommen nicht nur aus Nyons, sondern auch aus Buis-les-Baronnies.

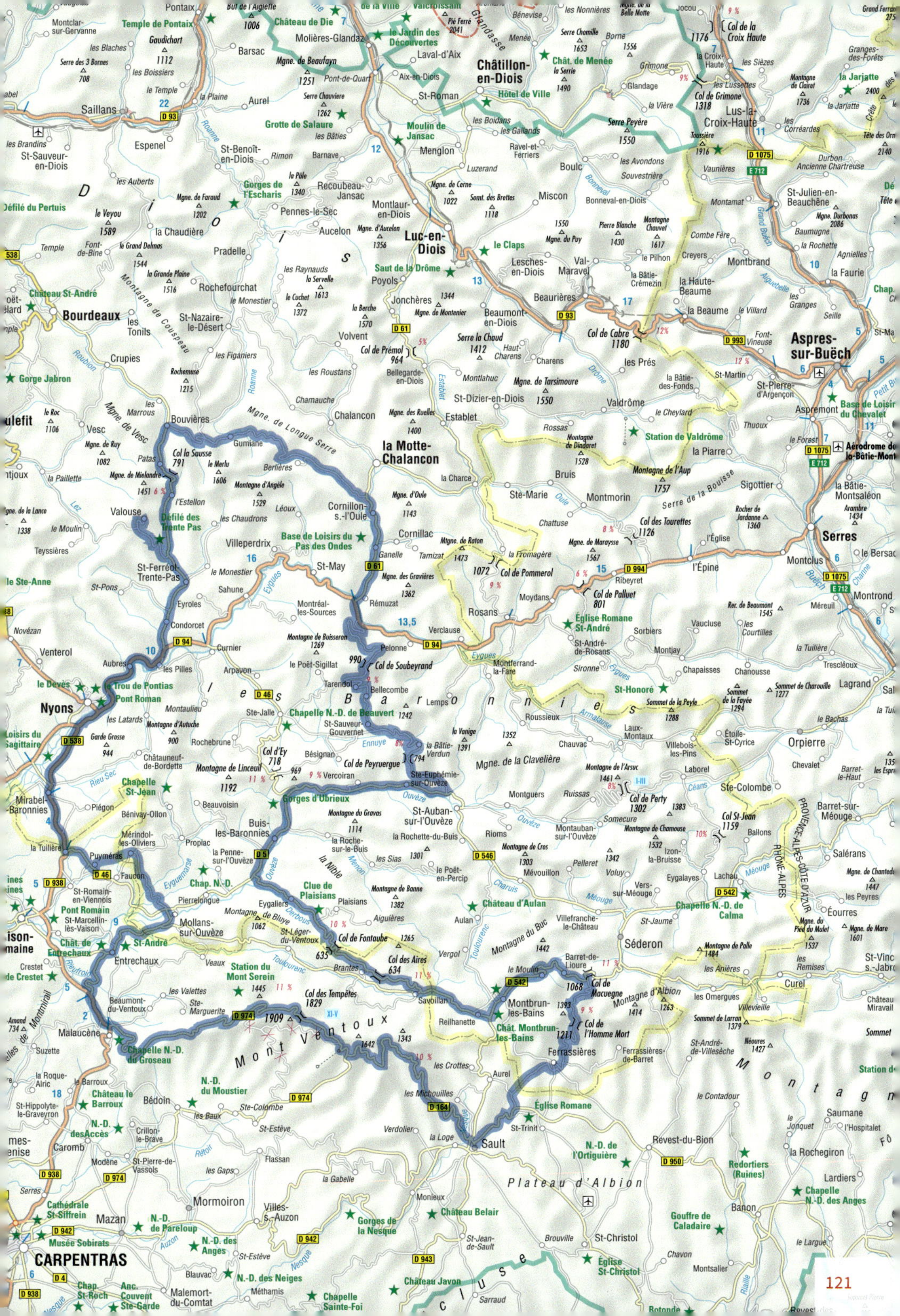
Châtillon-en-Diois
Luc-en-Diois
la Motte-Chalancon
Aspres-sur-Buëch
Serres
Bourdeaux
Nyons
Mirabel-aux-Baronnies
Buis-les-Baronnies
Mollans-sur-Ouvèze
Entrechaux
Malaucène
Mont Ventoux
Sault
Séderon
Orpierre
Rosans
CARPENTRAS
Mazan
Mormoiron
Villes-s.-Auzon
Bédoin
Montbrun-les-Bains
Ferrassières
Aurel
Plateau d'Albion
Saillans
Valdrôme
Lus-la-Croix-Haute
Col de Cabre 1180
Col de Soubeyrand
Col de Peyruergue
Col de Fontaube
Col des Aires 634
Col de Macuegne
Col de l'Homme Mort
Col des Tempêtes 1829
Col de Perty 1302
Col St-Jean 1159
Col de Palluet 801
Col de Pommerol
Col des Tourettes 1126
Col de Prémol 964
Col de Grimone 1318
Col de la Croix Haute
Col la Sausse 791
Col d'Ey 718
Défilé des Trente Pas
Gorges d'Ubrieux
Gorges de la Nesque
Chapelle N.-D. du Groseau
Chât. Montbrun-les-Bains
Église Romane
Les Baronnies
Montagne de Lure
Mgne. de Longue Serre
Montagne d'Albion
D 93
D 94
D 61
D 5
D 538
D 974
D 164
D 542
D 994
D 1075
D 946
D 942
D 938
PROVENCE-ALPES-CÔTE D'AZUR
RHÔNE-ALPES

Vom Start in Nyons weg prägen Kurven den Verlauf der Oliven-Tour.

Ausgangspunkt einer solchen Runde ist natürlich *Nyons*. Schließlich ist der im sanften Hügelland und nicht allzu weit vom legendären *Mont Ventoux* liegende Ort die heimliche Hauptstadt der Olive. Seit Jahrhunderten dreht sich hier – fast – alles um die göttliche Frucht, aus der neben Öl auch allerlei andere nützliche Produkte entstehen.

Zeugnis davon legen die historischen Olivenmühlen ab, die am Ufer des Flüsschen *Eygues* zu besichtigen sind. Einige ehemalige Ölmühlen sind heute Museen. Dazu gehört auch die Ölmühle von Jean-Pierre Autrand in Nyons. In dem jahrhundertealten

Gewölbe befindet sich außerdem eine ehemalige Seifensiederei. Außer den Olivenprodukten werden hier Stoffe, Wäsche und die echte Marseiller Seife verkauft.

Wissenswertes zur Olive

Besucher können bei Madame Autrand in der Oliven- und Seifenfabrik Le Vieux Moulin et la Savonnerie zudem allerlei Wissenswertes über die Geschichte und die Bedeutung der Olive in diesem Landstrich lernen – und sich bei der Gelegenheit auch gleich mit ein paar lokalen Produkten eindecken.

Auch sonst hat Nyons einiges zu bieten. Die Altstadt, deren Kern auf das

Nyons ist das Zentrum des Olivenanbaus in der Drôme (oben) und zeigt stolz seine Geschichte (links).

13. und 14. Jahrhundert zurückgeht, ist geprägt von engen Gassen, die dennoch stets Licht durchflutet scheinen. Kein Wunder, darf sich Nyons doch als „kleines Nizza" bezeichnen angesichts von gut 3000 Sonnenstunden pro Jahr, die auf die Hänge der umliegenden Hügel und die Häuser der Stadt ein geradezu malerisches Licht werfen.

Zwischen Juni und September gibt es von Donnerstag bis Sonntag zudem ein farbenfrohes Spektakel zu besichtigen, nämlich den provenzalischen Markt in Nyons. Und spätestens nach einem Besuch eines solchen steht fest: Dieser Ort ist die Provence, wie sich

Wein ist neben Oliven das zweite Standbein in dem Gebiet.

die meisten Besucher sie vorstellen – nur liegt er in Rhône-Alpes!

Die in Nyons gefertigten Olivenprodukte haben zu Recht einen guten Ruf. Dabei ist es egal, ob sie aus der großen Kooperative stammen oder von dem einzig verbliebenen unabhängigen Produzenten, der Domaine de Rocheville. Bei einem Besuch wird hier aber schnell ersichtlich, warum so viele selbständige Olivenbauern aufgegeben haben. Sie hatten einfach nicht die Kraft, die Ausfälle nach einige schweren Wintern zu verkraften – oder sich mit dem Anbau von Wein ein zweites Standbein zu schaffen.

Und so ist bei der anschließenden Fahrt auf der Olivenroute auch geklärt, warum in dieser Gegend Olivenbäume und Rebstöcke in trauter Zweisamkeit nebeneinander existieren. Wer Nyons nach Südwesten hin verlässt, kann gleich mal eine Abstecher nach *Vinsobres* einlegen und dort einen ersten Vorgeschmack auf die ausgezeichneten Tropfen der südlichen Drôme genießen – zumindest gilt das für die Sozia.

Hinein ins Baronnies

Auf der eigentlichen Olivenroute aber geht es jetzt hinein ins *Baronnies*, nach *Mirabel*, wo ebenfalls einige Mühlen zu besichtigen und weitere Kenntnisse rund um die Olive zu ergattern sind. Von einigen der Bäume, die hier wie allerorts jeder einzeln erfasst sind, wird gesagt, dass sie sogar noch aus der

Römerzeit stammen. Legende oder nicht, die besonders widerstandsfähigen Früchte des Baronnies erhielten als erstes Produkt über Wein und Milch hinaus die französische Qualitäts- und Ursprungsbezeichnung AOC (Appellation d'Origine Contrôlée) – und legten so den Grundstein dafür, dass weitere Produkte in Frankreich sich seither mit diesem Gütesiegel schmücken dürfen.

dem Olivenanbau. Einige machen daraus auch ihr eigenes Öl, doch geht der Großteil der Ernte an eine der Genossenschaften in Nyons und wird dort verarbeitet.

Der Schicksalsberg

Wenn man als Motorradfahrer schon mal in dieser Gegend ist, dann bietet sich spätestens jetzt ein absolut erlebenswerter Abstecher von der eigentlichen Olivenroute an. Die Route nimmt Kurs auf ***Malaucène***, wobei auch die Region gewechselt wird. Es geht von Auvergne-Rhône-Alpes nach Provençe-Alpes-Côte d'Azur. Hier zweigt die D974 ab, die auf einen der legendärsten Berge der französischen Alpen führt, den ***Mont Ventoux***. >

Auf wunderbar kleinen Motorradstraßen lässt sich die südliche Drôme durchstreifen.

Die Route nutzt im weiteren Verlauf einige wunderbare kleine und zunehmend kurvige Motorradstraßen, so auch auf dem Weg nach ***Mérindol-les-Oliviers***. Der Ortsname zeigt schon deutlich, worum sich das Leben in der 200 Seelen-Gemeinde dreht. Die meisten Bewohner widmen sich

Das eigenwillige Gebilde beschreibt sowohl einen gut 23 Kilometer langen Gebirgszug, der in West-Ost-Richtung verläuft, sowie einen 1912 Meter hohen Gipfel, dessen besondere klimatische Bedingungen für jeden Bezwinger eine Herausforderung darstellen. Es gibt in Gipfelnähe auch einen Pass, den *Col des Tempêtes* (Sattel der Stürme), dessen Name aber kaum bekannt ist, weil alle Welt nur vom Mont Ventoux spricht. Und selbst in dessen Namen gibt es einen Bezug zum Wetter: Ventoux stammt vom lateinischen Ventosus, der Windumbrauste.

Stürme von Orkanstärke

Damit ist bestens beschrieben, was Motorradfahrern schon bei der Anfahrt zu schaffen machen kann. Auf den 21 Kilometern der Westrampe sind 1600 Höhenmeter zu erklimmen, die meisten davon auf den letzten zehn Kilometern. Nicht selten toben hier Stürme von Orkanstärke – und das auch bei ansonsten strahlendem

Sonnenschein! Selbst in den Sommermonaten lässt der kalte Mistral die Temperaturen auf dem Scheitel, der eigentlich ein weitläufiges Hochplateau ist, nur selten in zweistellige Bereiche vordringen.

Bekannt ist der Berg natürlich auch von der Tour de France. Er zählt zu den vier schwierigsten Anstiegen der großen Frankreich-Schleife und wurde erst ein knappes Dutzend Mal überhaupt in Angriff genommen. Die Bilder, die dabei um die Welt gegangen sind, haben zur Legendenbildung beigetragen. Nachdem man die Vegetationslinie passiert hat, ist nur noch eine kahle Mondlandschaft auszumachen, die einen über Kilometer begleitet.

Obwohl damit auch klar sein sollte, dass während der gesamten Motorradsaison (etwa Ende Mai bis Mitte Oktober) auch mit sich nicht selten überschätzenden Radfahrern zu rechnen sein muss, bereitet eine Befahrung der einzigartigen Bergstrecke dennoch eine Menge Freude. Er sollte allerdings nur bei gutem Wetter angegangen werden, weil er ansonsten zu den nicht ungefährlichen Alpenquerungen gehört. Zwar ist die Straße und ihr Belag wegen der Bedeutung für den Radsport in einem meist extrem gutem Zustand. Selbst im Hochsommer kann einem aber eisiger Regen die gute Laune nur zu schnell verderben.

Blick bis zum Mittelmeer

Von der kahlen Kuppe aus bietet sich bei guten Voraussetzungen dann aber eine Rundumsicht, die selbst in den Alpen ihresgleichen sucht. Da sind nicht nur die höchsten Gipfel der französischen Alpen zu erkennen. Auch ein Blick auf das noch 100 Kilometer entfernte Mittelmeer ist zu erhaschen. Und wenn der Wettergott es besonders gut meint, sind sogar die fernen Pyrenäen im Westen auszumachen. >

Der windumbrauste Gipfel des Mont Ventoux: Hier kann es recht stürmisch zugehen, auch an schönen Tagen.

Die gut 30 Kilometer der Ostrampe hinab nach *Sault* sind nicht ganz so anspruchsvoll wie das Pendant im Westen oder die am Chalet Reynard auf die Ostrampe treffende Zufahrt vom südwestlich gelegenen *Bédoin* aus. Da kommt es gelegen, dass die Verbindung zurück zur Olivenroute noch mit dem 1212 Meter hohen *Col de l'Homme Mort* gespickt ist. Wer im Anschluss etwas für sein Wohlbefin-

Das mittelalterliche Dorf Montbrun-les-Bains.

den tun möchte, sollte sich von Sault über diesen Pass nach ***Montbrun-les-Bains*** aufmachen.

Klebt an einem Felshang

Das sehenswerte mittelalterliche Dorf klebt geradezu an einem Felshang und lädt, da weitgehend autofreie Zone, zu einer Eroberung „per pedes“ ein. Das kann recht erfrischend sein, denn überall locken beim Aufstieg über die Treppen kleine Brunnen mit erfrischendem Nass. Bekannt geworden ist der Ort nämlich für seine unterirdischen Schätze: die heißen Quellen. Entsprechend ist hier denn auch ein öffentliches Spa zu finden, das einen wohltuenden Wellness-Nachmittag verspricht.

Mit einem solchen Abstecher wird aus der Tages- schnell eine Zwei-Tages-Tour auf der Olivenroute. Da lässt sich zur Nacht denn auch gleich mal eines der in den letzten Jahren aufgekommenen Bistrot de Pays ausprobieren. Diese Einrichtungen sind mehr als nur Herberge oder Restaurant – oder beides. Sie übernehmen in ländlichen Gebieten auch zunehmend wieder die Rolle der fast völlig verschwundenen „Tante-Emma“-Läden. Auf der Fahrt von Montbrun nach Westen bleibt das von der Tour de France bekannte kahle Antlitz des fast 2 000 Meter hohen Ventoux-Gipfels ein ständiger Begleiter

Die örtlichen Bistrots de Pays eignen sich prima für Mittagsstopps.

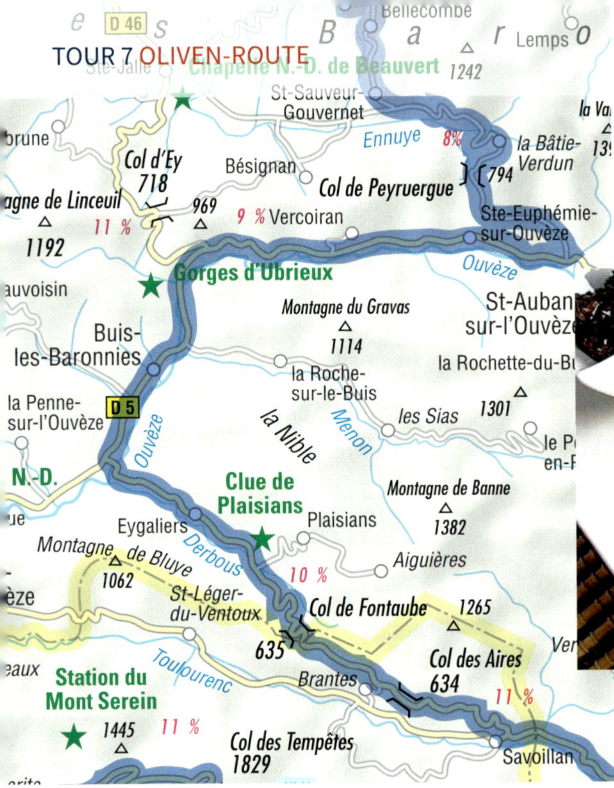

zur Linken. Spätestens im malerisch in sanfteren Hügeln eingebetteten *Buis-les-Baronnies* ist es dann an der Zeit, die Fahrt zu unterbrechen und sich dem Genuss der typischen Produkte hinzugeben, derentwegen diese Runde in Angriff genommen wurde.

Wie sollte dies besser geschehen, als bei einem „Tasting" der berühmten Tapenade, einem Brotaufstrich aus Oliven. Es gibt sie in Schwarz und Grün, naturbelassen oder verfeinert mit Gewürzen. Am besten schmeckt sie auf geröstetem Weißbrot und zu einem erfrischenden Schluck Weißwein. Als Motorradfahrer darf man aber auch getrost Mineralwasser dazu genießen. Das ist in Frankreich schließlich auch vielfältig und in allerlei Varianten vorhanden.

Die zugeführten Kalorien können anschließend in den Gassen des Örtchens abtrainiert werden. Ausgangspunkt ist der Marktplatz, auf dem mittwochs und samstags buntes Treiben herrscht. Von hier aus sind die kleinen, aber feinen Sehenswürdigkeiten gut zu erreichen – etwa das Dominikanerkloster aus dem 13. Jahrhundert oder das Haus der aromatischen Pflanzen –

AUTOREN-TIPP

bistrot de pays

Vor 20 Jahren haben sich die Begründer der Organisation **BISTROT DE PAYS** auf die Flagge geschrieben, die Verödung der französischen Dörfer zu verhindern. Ob ihnen das gelungen ist, mögen sie selbst entscheiden. Jedenfalls stehen über 240 Mitgliedsbetriebe vornehmlich im Süden der Republik und – Grundvoraussetzung – in Gemeinden unter 2 000 Einwohnern bereit, günstige lokale Menüs anzubieten, die Grundversorgung als Tante-Emma-Laden zu übernehmen und manchmal sogar Unterkunft der einfachen, aber preiswerten Art zu bieten. Mehr als ein Dutzend dieser Häuser gibt es aktuell (2017) auch in der Drôme provençale. **www.bistrotdepays.com**

Nach einer Fahrt entlang der Olivenbäume, sollten deren Früchte in Form von Tapenade probiert werden.

ein Genuss für den Geruchssinn. Außerdem wird anschaulich erklärt, was sich aus den hier heimischen Pflanzen und Kräutern alles an Aromen gewinnen lässt. Und für welche Nutzung. Das reicht von kulinarischen Genüssen bis hin zu medizinischen Zwecken.

Durch die Gorges d'Ubrieux

Zur Weiterfahrt auf der Olivenroute bietet sich die Straße entlang der ***L'Ouvèze*** an. Dabei zwängt sie sich auf etwa halben Weg durch eine enge Schlucht, die ***Gorges d'Ubrieux***. Noch attraktiver wird der Weg ab ***St. Auban***. Kurz vor dem Ort geht es links hoch und über die D64 hinauf ins Hügelland, wo sich das Asphaltband in Schlangenlinien den geographischen Gegebenheiten anpasst. Immer wieder laden malerische Dörfer wie ***Saint-Sauveur-Gouvernet*** zu Zwischenstopps ein. Oder man lässt einfach den Blick übers Baronnies schweifen und die Seele baumeln auf einem der Pässe, etwa dem ***Col de Peyruergue*** oder dem noch weiter nördlich an der D162 liegenden ***Col de Soubeyrand***. Letzterer kratzt immerhin schon an der Tausender-Grenze. >

Abseits der Hauptstraßen ziehen sich schmale Pfade zu einsamen Bergdörfern wie Valouse.

Mit der D94 ist dann auch der Eygues wieder erreicht, jenes Flüsschen, dass auf direktem Weg zurück nach Nyons führen würde. Auch dieses Gewässer hat sich manche Schlucht gegraben, und so bliebe die Fahrt auf der Olivenroute landschaftlich ein Erlebnis.

Noch tiefer ins Herz der Drôme dringt der vorgeschlagene Abschnitt ein, der zunächst noch ein gutes Stück nach Norden führt. Dann verläuft die Route entlang schmaler, höchstens anderthalbspuriger Straßen Richtung Bouvières. Auf der D70 geht es dann kurvenreich und eng gen Süden.

Ein letzter Abstecher vor Nyons bietet sich nach *Valouse* an. Das einst verlassene Bergdorf wurde von einer Familie übernommen und über die Jahre zu einem „Hoteldorf" umgebaut. Heute lässt sich die Ruhe und Abgeschiedenheit der sonnigen Region bei gutem Essen oder als Selbstversorger in ehemaligen Wohnhäusern genießen. Bei einer Stippvisite auf einen Kaffee oder einen leckeren Snack wird jedem schnell klar: eine inspirierende Atmosphäre…

Eine nicht minder besondere Atmosphäre haben auch die Olivenhaine rund um Nyons, dem Basisort der Runde, zu bieten. Seit jeher ist der Olivenbaum im Mittelmeerraum ein Symbol des Friedens.

Das lässt sich auf dem Olivenpfad spüren. Bei diesem anderthalbstündigen Spaziergang bieten sich zudem großartige Ausblicke auf das Eygues-Tal und das Olivenstädtchen, in dem man anschließend gerne noch ein paar Tage verweilen möchte. ◀

INFOS ZUR TOUR

CHARAKTERISTIK

Die Route verläuft an und über die Grenze zur Region Provence-Alpes-Côte d'Azur, auf deren Gebiet auch die Strecke über den Mont Ventoux liegt. Wer sich wie wir von den Hauptstraßen abwendet, wird zauberhafte, schmale Sträßchen vorfinden, die oft durch einsame, nahezu unberührte Natur führen. Dazwischen finden sich die Anbaugebiete für Oliven und Wein. Nicht verpassen sollte man einen der bunten Bauernmärkte, die mancherorts fast täglich stattfinden.

PÄSSE DER TOUR

Col des Tempêtes (44.173801, 5.283737)	1909 m
Col de l'Homme Mort (44.155732, 5.496340)	1212 m
Col de Macuègne (44.182018, 5.510223)	1068 m
Col des Aires (44.195405, 5.341094)	634 m
Col de Fontaube (44.208358, 5.312963)	635 m
Col de Peyruergue (44.317372, 5.379950)	794 m
Col de Soubeyrand (44.371907, 5.354225)	994 m
Col de Pré Guittard (44.504816, 5.305753)	914 m
Col Lescou (44.507750, 5.248550)	829 m
Col la Sausse (44.488529, 5.216832)	791 m

ÜBERNACHTUNG

Hôtel Restaurant Colombet
53, place de la Libération, F-26110 Nyons
Ein Haus der alten Schule, sehr gutes Essen, Garage.
www.hotelcolombet.com
GPS 44.36075, 5.1397

Une autre maison
45 Avenue Henri Rochier, F-26110 Nyons
Sehr individuell, Restaurant, private Parkplätze.
www.uneautremaison.com
GPS 44.3616, 5.13650

Hameau de Valouse
Grande Basse, F-26110 Valouse
Charmantes Bergdorf, einst verlassen, jetzt als Gîte der besonderen Art wiederbelebt.
www.hameau-de-valouse.com
GPS 44.45049, 5.20169

KOMBINATIONSMÖGLICHKEITEN

Lässt sich mit der Lavendel-Route (Tour 6) kombinieren. Auch zur Route Napoléon (Tour 10) ist es nicht weit. Abstecher in die Ardèche sind möglich.

Schluchten-Spektakel

Der Grand Canyon du Verdon steht seinem großen Bruder in den USA in nichts nach. Im Gegenteil: Er ist zwar flächenmäßig etwas kleiner, dafür in der Üppigkeit seiner Szenerie umso spektakulärer.

Für diesen Ausblick auf die Gorges du Verdon muss man schon schwindelfrei sein.

TOUREN-STECKBRIEF

BASISORT
Grasse (43.65704, 6.92046)

STRECKENLÄNGE
ca. 265 km

DAUER DER TOUR
6-8 Stunden, mindestens 1 Fahrtag

ROADBOOK
Grasse, Saint-Vallier-de Thiey, Valderoure, Le Mousteiret, La Batie, La Garde, Castellane, La Palud-sur-Verdon, Moustiers-Sainte-Marie, Aiguines, Comps-sur-Artuby, Montferrat, Vallee de la Tine, Grasse.

HIGHLIGHTS
Auf dieser Tour gibt es wohl nur ein Highlight – und das ist der Grand Canyon du Verdon (43.74402, 6.35272). Die zweitgrößte Schlucht Europas ist 21 Kilometer lang und bis zu 700 Meter tief. Sie zu umrunden, ist schon eine Frankreich-Reise wert.

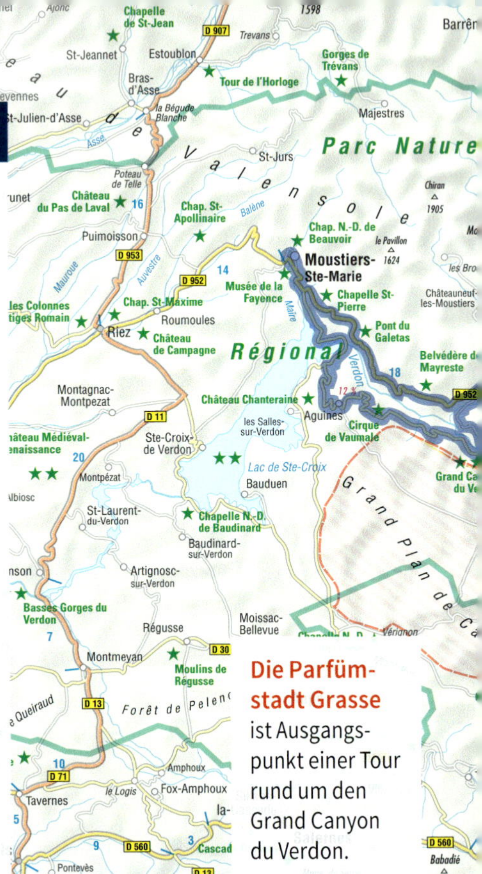

Die Parfümstadt Grasse ist Ausgangspunkt einer Tour rund um den Grand Canyon du Verdon.

Castellane
Porte de St-Jean
Chapelle Notre-Dame
Vergons
Col de Toutes Aures 1120
Ancienne Cathédrale
St-Julien-du-Verdon
Clue de Vergons
Station de Neige de Vauplane
Lac de Castillon
Col de Leque 1148
Demandolx
N.-D. du Roc
Lac de Chaudanne
Bge. de Chaudanne
Soleilhas
St-Auban
Clue de St-Auban
Ubraye
Briançonnet
Gars
Amirat
Collongues
Chapelle St-Joseph
Montagne de Charamel
Le Mas
Clue de Riolan
Clue d'Aiglun
Aiglun
Cascade de Vegay
Sigale
Roquestéron
N.-D.-d'Entrevignes
St-Antonin
St-Pierre
la Rochette
Clue de la Bouisse
Estéron
Bois du Cheiron
Gréolières-les-Neiges
Montagne du Cheiron
Chapelle St-Léonce
Peyroules
la Garde
Col de Luens
Verdon
Chapelle St-Thyrs
Chapelle St-Pons
Chapelle Ste-Anne
Rougon
le Bourguet
Châteauvieux
la Martre
Séranon
Caille
Andon
Valderoure
la Ferrière
Station de l'Audibergue
Montagne de l'Audibergue
Col de Valferrière
Chap. N.-D. de Gratemoine
Gréolières
Cipières
Clue de Loup
Observatoire de C.E.R.G.A.
Col de la Sine 1108
Gorges du Loup
Courmes
Caussols
Gourdon
Tourrettes-sur-Loup
Château des N.-D. Fleurs
le Bar-sur-Loup
Église le Bar-sur-Loup
Trigance
Brenon
N.-D.-des-Sept-Douleurs
Bargème
la Bastide
Escragnolles
Dolmen des Claps
Pas de la Faye 981
St-Vallier-de-Thiey
Col du Ferrier 1041
Col du Pilon 786
Balcons de la Mescla
Falaise des Cavaliers
Pont d'Artuby
St-Nicholas
la Roque-Esclapon
Chapelle St-Pierre
Grotte de Baume Obscure
Dolmen des Puades
Comps-sur-Artuby
Chapelle St-Didier
Chap. St-Jean
Aven du Clos de Fayoun
Bois du Malay
Col de la Glacière 1070
Mons
Aqueduc Romain de Roche Taillée
Grotte de St-Cézaire
Cabris
GRASSE
Magagnosc
Châteauneuf-Grasse
le Rouret
Opio
Roquefort-les-Pins
N.-D. du Brusc
Valbonne
Champ Militaire de Canjuers
Mieraure 1195
Château de Beauregard
Dolmen de Colbas
Spéracèdes
le Tignet
Peymeinade
Mouans-Sartoux
Col du Bel-Homme 1032
Église N.-D. de l'Ormeau
Fayence
Velnasque
St-Cézaire-s.-Siagne
Callian
Montauroux
N.-D. de Valcluse
Mougins
Le Cannet
Seillans
N.-D. des Cyprès
Tourrettes
Aerodrome de Fayence
Bargemon
la Colle Noire
Pégomas
Tanneron
Auribeau-sur-Siagne
Mgne. de Beau-Soleil 1025
Bois des Prannes
Montferrat
Ste-Anne de Claviers
Claviers
Callas
Chap. de la Trinité
Lac de St-Cassien
Massif du Tanneron
Mandelieu-la-Napoule
la Bocca
CANNES
Golfe de la Napoule
Ampus
Châteaudouble
Gorges de Châteaudouble
Rebouillon
Figanières
N.-D. de l'Olivier
DRAGUIGNAN
Cascade de Pennafort
Bois du Rouet
St-Paul-en-Forêt
Bois de l'Ermite
Bagnols-en-Forêt
Bois de Bagnols
St-Denis
les Adrets
les Adrets-de-l'Esterel
Théoule-sur-Mer
Plage Théoule-s.-Mer
Pierre de la Fée
Flayosc
N.-D. des Selves
Trans-en-Provence
Route des Vins
Bois de Palayson
Parc Animalier
Mt. Vinaigre 618
Pointe de l'Esquillon
Port de Miramar
Massif de l'Estérel
Chapelle N.-D. de Jérusalem
le Trayas
Plage du Trayas
Lorgues
la Motte
le Muy
Puget-s.-Argens
Fréjus
Pagode bouddhique
Aquarium
Pointe du Cap Roux
Agay
Plage d'Anthéor
Les Arcs
Anc. Abb. de la Celle Roubaud
Taradeau
Rocher de Roquebrune 373
Roquebrune-s.-Argens
Ancien Pont Romain
Mosquée
Arènes
Valescure
ST-RAPHAËL
FRÉJUS
Port de Agay
Cap du Dramont
Phare Cap du Dramont
Chapelle Ste-Brigitte
Vidauban
Somt. du Peynier 301
Église N.-D. de Pitié
Fréjus-Plage
Port St-Raphaël
Boulouris
Fréjus-Plage
Golfe de Fréjus
St-Aygulf
Plage de St-Aygulf
Le Cannet-des-M./le Luc
Le Cannet-des-Maures
Le Vieux Revest
Col de Gratteloup 225
Col de Bougnon 154
Forêt Communale des Arcs
Autodrome du Var
Plage les Issambres
Corniche de l'Estérel
Baie de Bougnon
Plan-de-la-Tour
Aqualand
Plage Ste-Maxime
Ste-Maxime
Le Village des tortues
la Garde-Freinet
Col de Vignon
Forêt des Mayons
Golfe de St-Tropez
Plage des Graniers
St-Tropez
Port-Grimaud
Cap de St-Tropez
Château de la Moutte
N. D. de-la-Queste
Grimaud
Chap. Ste-Anne
Plage de Tahiti
Cogolin
Bastagne Moulin
Anse de Pampelonne
Plage de Pampelonne
Côte
Chartreuse de la Verne
Barrage de la Verne
Ramatuelle
Moulins de Paillas
Cap Camarat
Phare de Cap Camarat
La Croix-Valmer
Menhirs du Laquina
la Môle
Massif des Maures

Spektakulär ist die Befahrung der Routes des Crêtes.

Warum in die Ferne schweifen, wenn das Gute liegt so nah? Diesen altbekannten Spruch sollten sich Liebhaber des amerikanischen Grand Canyon zu Herzen nehmen, denn mit dem *Grand Canyon du Verdon* findet sich bei unseren französischen Nachbarn ein zuge-

gebenermaßen zwar kleineres, dafür aber mindestens so interessantes Naturschauspiel dieser Art in – fast – nächster Nähe.

Namensgeber des Schluchtenspektakels der *Gorges du Verdon* ist der Fluss Verdon, der im Massiv des Trois Eveches entspringt. Bevor er von dort aus im Süden in die Durance mündet, hat er eine 180 Kilometer lange Strecke zu absolvieren und lässt sich selbst durch die inzwischen fünf angelegten Staudämme, mit denen Trinkwasser und Energie gewonnen werden, nicht davon abhalten.

Bizarre Felsformationen

Und er war fleißig, dieser Fluss: Im Verlauf der vergangenen Millionen Jahre hat er sich im Gebiet zwischen den heutigen Stauseen von Castellane und dem *Lac du Sainte Croix* durch eine Bergkette aus weichem Kalk gewunden und sich stellenweise bis in 700 Meter Tiefe darin eingegraben. Dadurch schuf er eine Landschaft, die heute mit tiefen Schluchten und bizarren Felsformationen zu begeistern weiß. Doch im Gegensatz zum großen US-Bruder ist dieser Canyon schon aufgrund der üppig vorhandenen Vegetation in den verschiedensten Grün- bis Beige-Schattierungen besonders abwechslungsreich und wirkt an keiner einzigen Stellen eintönig.

Möglichkeiten, sich diesem Naturspektakel zu nähern, gibt es viele. Wer nicht viel Zeit hat, fährt einfach mit dem Motorrad an ihm entlang. Es gilt

Steil fallen die Felswände hier einige hundert Meter ins Flusstal ab.

Man kann sich kaum sattsehen an der Schlucht, die der Verdon in den Kalkstein gefräst hat.

allerdings etwas Vorsicht walten lassen: Die Aussicht sollte man unbedingt nur in den angelegten Aussichtsbuchten und nicht zu sehr während der Fahrt genießen, denn einige Kurven entlang der Strecke werden gerne unterschätzt. Davon zeugen Bremsspuren, die im Nichts über der Schlucht enden…

Zunächst aber will der Canyon überhaupt erst erreicht werden. Wer an der Côte d'Azur unterwegs war, findet in *Grasse*, der selbst ernannten Hauptstadt des Parfüms, eine gute Basis – nicht nur für diese Tagestour.

Wer nicht der gut ausgebauten Route Napoléon nach *Castellane* folgen mag, der findet sicher an einem Abstecher zur Rechten Gefallen. Es geht zunächst über den *Col du Ferrier*, der bereits die 1000 Meter-Marke knackt. Auf der Höhenstraße verbleibend schließt sich alsbald der *Col de la Sine* an. Der 1080 Meter hohe Pass ist nur wenig ausgeprägt und in einem bewaldeten Gebiet gelegen. Aber weiter im Osten ist für Interessierte über schmale Straße ein Ableger des Observatoire de la Côte d'Azur mit recht bizarren Bauten erreichbar. Nach Norden endet der Umweg mit dem 1248 Meter hohen *Col de Castellaras* und seiner

schönen Aussicht über tiefer gelegene Täler. Möglich wäre auch die Weiterfahrt über den sehr fahrspaßigen Col de Bleine. Aber es gibt hier so viele wunderbare Nebenstrecken, dass man sich irgendwann mal besinnen und aufs Wesentliche konzentrieren muss, will man das eigentliche Ziel nicht aus den Augen verlieren.

Also zurück auf die Route Napoléon. Castellan ist auf ihr bald erreicht. Es fungiert als das östliche Tor zum Grand Canyon du Verdon. Die 21 Kilometer lange und bis zu 700 Meter tiefe Schlucht nimmt hier ihren Anfang. Geschaffen vom Wasser des Flusses Verdon ist das Naturschauspiel für Motorradfahrer auch deshalb interessant, weil die beiderseits an ihr entlang führenden Straßen neben tollen Ausblicken auch manch überraschende Streckenführung zu bieten haben.

Schleife zum Canyon

Die schönsten und spektakulärsten Plätze der Nordkante des Canyons werden auf einer Schleife erreicht, die in *La Palud-sur-Verdon* von der Hauptstrecke abzweigt. Die Nordroute verläuft zunächst am nördlichen Rand des Flusses Verdon von Castellane über La-Palud-sur-Verdon bis nach *Moustiers-Sainte-Marie*, einem der schönsten Dörfer Frankreichs.

Die Strecke ist rund 50 Kilometer lang und verläuft über die D 952 und führt auf La-Palud-sur-Verdon zu. Hier empfiehlt es sich, die *Route des Crêtes* (D 23) zu nehmen, die kurz vor dem Ort links abzweigt. Dieser 23 Kilometer lange Rundweg ist nur im Uhrzeigersinn zu befahren und führt in einem weiten Bogen nahe an die Schlucht. Es bieten sich atemberaubende Einblicke in die Tiefe und entlang senkrecht abfallender Felsen. >

Das bunte Dörfchen
Moustier-Sainte-Marie bietet zumindest etwas Infrastruktur in einer ansonsten sehr einsamen Gegend.

Die Strecke entlang des Canyons ist nur mithilfe einiger Tunnel möglich geworden.

Ein Aussichtspunkt folgt auf den nächsten, so auch in der Nähe des ***Pas de l'Abauc***, der nun schon 1330 Meter Höhe erreicht. Die Kammstraße selbst erreicht ihren höchsten Punkt noch etwas später auf 1459 Metern! Daher ist selbst in diesen südlichen Gefilden zu beachten: Die Routes des Crêtes ist im Winter größtenteils gesperrt.

Der nächste Aussichtspunkt nach der Rückkehr auf die besser ausgebaute Hauptstraße ist der ***Col d'Ayens***, der noch 1032 Meter hoch liegt. Die Straße verläuft nun in einiger Entfernung vom Grand Canyon du Verdon. Beim Aussichtspunkt Belvédère de Mayreste kann man einen weiteren Blick auf den Verdon-Fluss im tiefen Tal werfen.

Fast unmerklich senkt sich die Route nun nach Westen ab. Ein letzter Pass, der 711 Meter hohe *Col d'Olivier*, und dann ist auch schon das letzte Aha-Erlebnis vor dem Zwischenziel Moustiers-Sainte-Marie erreicht: der spektakuläre Ausblick auf den Stausee Lac de Sainte Croix, in den sich der Fluss Verdon ergießt. Das türkisfarbene Gewässer glänzt im Sonnenlicht wie ein Juwel, gleichwohl es von Menschenhand geschaffen ist.

Auch die Motorräder füttern

Moustiers-Sainte-Marie ist der perfekte Ort für einen Mittagsstopp, liegt er doch ungefähr auf halber Strecke bei diesem Tourvorschlag. Nicht nur die Fahrer haben sich eine Nahrungsaufnahme redlich verdient. Auch die Motorräder wollen gefüttert werden, zumindest die mit weniger als 300 Kilometern Reichweite. Tankstellen sind nämlich rar rund um den Canyon.

Das bunte Dörfchen hält dann einige Restaurants bereit, in denen man sich stärken kann. Mit etwas Glück ergattert man einen der Plätze auf den Sonnenterrassen mit Aussicht. Aber Achtung: Schnell verweilt man hier länger als geplant. Deshalb ist zu überlegen aus dieser Runde eine Zwei-Tages-Tour zu machen und in Moustiers-Sainte-Marie zu übernachten.

Für den Rückweg nach Grasse bietet sich die südliche Canyon-Route, die Corniche Sublime, an. Sie führt vorbei an dem kleinen Weiler *Aiguines*,

Die Corniche Sublime bietet mit dem Aussichtspunkt Balcons de la Mesla ein weiteres Highlight.

Am Abschluss der Nordroute um den Canyon eröffnet sich dieser tolle Ausblick auf den Stausee Lac de Sainte Croix.

das mit seinem Schloss hoch über dem Lac de Sainte-Croix thront. Dann geht es wieder auf einen Abschnitt mit vielen Aussichtspunkten, von denen sich immer wieder überwältigende Panoramen erschließen.

Zu den Balcons de la Mescla

Wenn man an der Brücke Pont de l'Artuby, die den gleichnamigen Fluss, ein Nebengewässer des Verdon, in 200 Meter Höhe überspannt, denkt, das sei es nun gewesen, hat man die Rechnung ohne die *Balcons de la Mescla* gemacht. An diesem Aussichtspunkt zeigt sich noch einmal die ganze Schönheit der Landschaft, bevor unsere Tour nach *Comps-sur-Artuby* abzweigt.

Die Strecke nimmt nun nach Süden Kurs auf *Draguignan* und durchquert dabei ein militärisches Sperrgebiet. Rechts und links des Weges ist alles eingezäunt, Schilder warnen vor dem Eindringen. Auch außerhalb der Sperrzone ist nicht viel los, die Natur lässt sich in Ruhe genießen.

In einem letzten Kurvenfeuerwerk bis *Tourettes* geht die Tour dann ostwärts ihrem Ende zu. Bald sind wieder die Auswüchse der Zivilisation erreicht, die Bebauung wird dichter, ein untrügliches Zeichen, dass man sich Grasse nähert.

Manch einer wird meinen, schon weit vor der Stadt wieder den Parfümduft wahrzunehmen, der dort durch die Gassen zieht. Auf jeden Fall sind es Wohlgerüche, die einen nach dem Ausflug an den Grand Canyon du Verdon begrüßen.

INFOS ZUR TOUR

CHARAKTERISTIK

Das Gebiet rund um den Grand Canyon du Verdon ist fast ganzjährig ein beliebtes Reiseziel. Im Sommer und an Wochenenden sollte man es daher meiden. Im Juli und August ist es auch klimatisch kein Zuckerschlecken, wird es doch häufig weit über 30 Grad heiß. Unbedingt im Auge behalten sollte man den Benzinstand. Es gibt nur sehr wenige Tankstellen, die zudem weit auseinander liegen. Wir empfehlen daher auf halbem Weg, in Moustiers-Sainte-Marie, aufzufüllen.

PÄSSE DER TOUR

Col du Pilon (43.684838, 6.884040)	782 m
Col du Ferrier (43.713860, 6.863923)	1039 m
Col de la Sine (43.760431, 6.859588)	1080 m
Col de Castellaras (43.787646, 6.846425)	1248 m
Pas de l'Abauc (43.760216, 6.370010)	1330 m
Col d'Ayens (43.768802, 6.315164)	1032 m
Col d'Olivier (43.784450, 6.267400)	711 m
Col d'Illoire (43.775803, 6.261048)	964 m
Col de Vaumale (43.765390, 6.273021)	1211 m
Col de St-Andrieu (43.588536, 6.474659)	512 m

ÜBERNACHTUNG

Moulin Sainte Anne
9 Chemin des Prés, F-061360 Grasse
B & B in ehemaliger Ölmühle. Riesige Zimmer.
www.moulinsainteanne.com
GPS 43.64311, 6.90151

Hotel Les Restanques
Route des Gorges Du Verdon
F-04360 Moustiers-Sainte-Marie
Ruhige Lage mit hübscher Terrasse und Ausblick.
www.hotel-les-restanques.com
GPS 43.83989, 6.22197

Hôtel Le Belvédère
Ave. des Lérins, F-04360 Moustiers-Sainte-Marie
Kleines Haus mit großartigem Panorama.
www.hotel-belvedere-moustiers.com
GPS 43.84623, 6.22136

KOMBINATIONSMÖGLICHKEITEN

Es bietet sich eine Kombination mit der Route Napoléon (Tour 10) oder der Côte d'Azur (Tour 9) an.

WELCOME
HOTEL

Eine Küste im Zwiespalt

Nicht erst seit dem Hitchcock-Klassiker „Über den Dächern von Nizza“ ist die Côte d‘Azur ein beliebtes Reiseziel. Schon Russlands Zaren mitsamt Gefolge kamen gerne. Ihnen folgte bald der britische Adel, dann der Rest der Welt. Doch trotz Massentourismus gibt es noch immer wundervolle Ecken zu entdecken.

Auch wenn die Zersiedelung an der Côte d‘Azur weit fortgeschritten ist: Es gibt auch noch schöne Ausblicke, wie auf den Hafen von Villefranche-sur-Mer.

TOUREN-STECKBRIEF

START- UND ZIELORT
Menton (43.77251, 7.49894)
Saint-Tropez (43.27129, 6.63831)

STRECKENLÄNGE
ca. 150 km

DAUER DER TOUR
5-7 Stunden, wir empfehlen 2 Fahrtage

ROADBOOK
Menton, La Turbie, Èze, Nizza, Antibes, Juan-les-Pins, Cannes, Mandelieu-La Napoule, Théoule-sur-Mer, Saint-Raphaël, Fréjus, Sainte-Maxime, Saint-Tropez.

HIGHLIGHTS
Zunächst über die Promenade des Anglais (43.69443, 7.25897) cruisen, dann in Cannes über die Croisette (43.54924, 7.02705). Im Anschluss das leuchtend rote Massif de Esterel (43.44951, 6.91841) bewundern und zum Abschluss einen Aperitif am Hafen von Saint-Tropez (43.27144, 6.63875) genießen. La vie est belle!

Das malerische Menton ist Startort zu dieser Etappe entlang der Côte d'Azur.

NICE
CANNES
ANTIBES
GRASSE
MONTE CARLO
MONACO
MENTON
CAGNES-sur-Mer
Villefranche-sur-Mer
Vence
Mougins
Vallauris
le Cannet
Mandelieu-la-Napoule
Théoule-sur-Mer
Juan-les-Pins
Biot
Valbonne
St-Paul
St-Laurent-du-Var
Levens
Contes
l'Escarène
Sospel
Beausoleil
la Turbie
Eze
Cap-d'Ail
Beaulieu-sur-Mer
St-Jean-Cap-Ferrat
Cap Ferrat
Roquebrune-Cap-Martin
Drap
St-Vallier-de-Thiey
Roquestéron
Gréolières
Coursegoules
Carros
Carros-le-Neuf
Gattières
St-Jeannet
Tourrettes-sur-Loup
Le Bar-sur-Loup
Mouans-Sartoux
Pégomas
Cabris
Peymeinade
Tanneron
Auribeau-sur-Siagne
Rocheville
Opio
Roquefort-les-Pins
Villeneuve-Loubet
la Colle-s.-Loup
la Gaude
Golfe Juan
Golfe de la Napoule
Baie des Anges
Île Ste-Marguerite
Île St-Honorat
Îles de Lérins
Cap d'Antibes
Cap de la Croisette
Massif de l'Estérel
Massif du Tanneron
Montagne du Cheiron
Corniche de l'Estérel
Corniches de la Riviéra
Côte d'Azur
Aéroport de Nice-Côte-d'Azur
Promenade des Anglais
Plage de Nice
Parc Phoenix
Port de Nice
Phare Cap Ferrat
Plage de Monaco
Casino
Fort Antoine
Port de Monte Carlo
Grand-Prix de Monaco
Vieux Port de Menton
Fête du Citron
Balzi Rossi
Villeneuve-Loubet-Plage
Marineland
Plage de Antibes
Port Vauban
Fort Carré
Phare de la Garoupe
Plage de la Garoupe
Batt. du Graillon
Plage de Cannes
Fort Île Ste-Marguerite
Abbaye Île St-Honorat
Plage Théoule-s.-Mer
Pointe de l'Esquillon
Port de Miramar
Plage du Trayas
Pointe du Cap Roux
Plage de Anthéor
Port de Agay
Cap du Dramont
Phare Cap du Dramont
Aquarium
Agay
Anthéor
Boulouris
N.-D. du Brusc
N.-D. de Valcluse
Gorges du Loup
Clue de Loup
Observatoire de C.E.R.G.A.
Gréolières-les-Neiges
Chapelle St-Michel
Colonnes Romaines
Fondation Maeght
Église le Bar-sur-Loup
Tour de la Madone
Thermes Romains
Arènes
Cath. Russe
Citadelle
Zoo
Forts
Grotte St-André
Châteauneuf
Chapelle St-Gras
Fort de St-Roch
Couvent N.-D.
l'Annonciade
Gorges de la Vésubie
Défilé de Chaudan
Col de Vence
Col de Braus 1002
Col de Nice 412
Col d'Eze 512
Col du Pilon 786
A8
N 202
D 6007
D 6098
D 2085
D 2210
PROVENCE-ALPES-CÔTE D'AZUR
ITALIA

Menton, wo die Route des Grandes Alpes auf die Côte d'Azur trifft.

Es ist schon ein ziemlicher Kulturschock, wann man aus der Einsamkeit der Alpen über das Kurvenfeuerwerk *Col de Turini* am Ziel zahlreicher Sehnsüchte ankommt: an der *Côte d'Azur*. Dabei geht es in *Menton*, dem letzten nennenswerten Ort vor der Grenze zu Italien, noch vergleichsweise beschaulich zu.

Außerhalb der Hochsaison sind die Einwohner weitgehend unter sich. Dann können sie selbst ihre malerische Altstadt wieder genießen, sich an der auch im Winter vorherrschenden Wärme erfreuen oder sonstigem Müßiggang frönen. Gelassenheit ist Trumpf in Menton. Hektik überlasst man gerne den großen Geschwistern im Westen.

Dorthin zieht es uns auf dieser Tour. Zunächst suchen viele Reisende bereits hier den Anfang der sagenhaften Drei. Gemeint sind die Küstenstraßen Corniche Inférieure, die von Menton bis *Nizza* am Meeresrand entlang verläuft, Moyenne Corniche, die einen als gut ausgebaute Hauptverkehrsader der Region nach *Èze* führt, sowie die Grand Corniche. Letztere ist die unvergleich-

Gute Beschilderung an der Grand Corniche. Dahinter erhebt sich schon Èze.

liche, von Napoleon I. am Verlauf der römischen Via Julia Augusta angelegte Panoramastraße, auf der es einem immer wieder den Atem verschlägt. Meist wegen der Ausblicke – manchmal auch wegen des Miefs aus den Auspuffrohren der Touristenautos, die im Gedenken an packende Leinwandszenen, etwa aus Hitchcocks „Über den Dächern von Nizza", das Kurvengeschlängel unsicher machen.

Monaco besser meiden

Die Suche ist zunächst vergebens, denn die Corniches nehmen ihren Ausgang auf der Höhe von *Monaco*, dem kleinen Fürstentum, das Motorradfahrer besser meiden sollten. Es gilt zwar als eine der besten und nobelsten Adressen der Welt. Und das, obwohl zahlreiche Einwohner nur der Steuerersparnis wegen hier sind. Auf den nur 195 Hektar Fläche breiten sich drei Gemeinden aus. Weil sie wegen der engen Bebauung nicht mehr voneinander zu trennen sind, ist Schönheit hier in vielerlei Hinsicht ein Fremdwort.

Einen Überblick über die architektonischen Monstrositäten kann man sich am Ausgangspunkt der Grand Corniche bei *La Turbie* verschaffen. Die Wohnungen der immer weiter himmelwärts schießenden Bebauung sehen aus wie Pappschachteln. Tau-

Ein Blick auf Monaco lässt erahnen, warum man es mit dem Motorrad besser meiden sollte.

Mühsam ist der Weg zu den Hotels im Bergdorf Èze.

sende Balkone reihen sich aneinander, der Blick aufs Meer wird offenbar geschätzt. Kosten spielen da eher keine Rolle.

Dann doch lieber weiter nach Èze. In den engen, auto- und motorradfreien Gassen wandelte schon Friedrich Nietzsche und ließ sich zu Teilen seines Werkes „Also sprach Zarathustra" inspirieren. Mit Gassen meinen wir natürlich die des Bergdorfs, das selbst noch einmal hoch über Èze Village thront, während dieses sich über den ein paar hundert Meter tiefer liegenden Meereszugang Èze-bord-de-Mer erhebt. Verwirrend? Schon. Aber auch sehr ansehnlich und besuchenswert. Dafür bleibt das Motorrad dann eine Zeitlang vor den steilen Treppen zum Berg stehen, während sich sein Treiber keuchend übers steile Kopfsteinpflaster schleppt.

Älteste Bergsternwarte

Bevor es nun aussichtsreich nach Nizza weitergeht, darf zumindest überlegt werden, ob das Observatorium der Côte d'Azur wohl ein lohnenswertes Ziel sei. Wir meinen: Ja! Schließlich hatte Gustave Eiffel beim Bau der Kuppel seine Finger im Spiel. Außerdem war das Fernrohr mit seinen 76 Zentimetern Durchmesser bei Inbetriebnahme im Jahre 1888 das größte Linsenteleskop der Welt. Und man besichtigt schließlich nicht alle Tage Europas älteste Bergsternwarte.

Auch findet die Grand Corniche bereits hier ihr frühzeitiges Ende. Jetzt geht es nur noch abwärts bis auf Normal Null. Das ist am Hafen von Nizza erreicht – jedenfalls, wenn man die Füße ins Wasser hält.

Im Inneren der Sternwarte werkelt noch ein faszinierendes Linsenteleskop.

Für viele ist Nizza einfach nur eine Großstadt, für uns aber ist es die lebendigste, sehenswerteste, liebenswerteste und vor allem lebenswerteste Siedlung an der gesamten französischen Mittelmeerküste. Nizza vereint, was andere strikt trennen. Nur hier gibt es diesen ungewöhnlichen Mix aus alteingesessenen Einheimischen und wohlhabenden Zugereisten, der auch funktioniert. An jeder Ecke der Stadt findet das pralle Leben statt. Französischer Lebensstil und italienische Lebensfreude haben sich zu einer brodelnden Mixtur vereint, die sehr sexy ist.

Legendäres Hotel

Großstadt hin oder her, es ist schon richtig cool, einmal über die Nicoiser Prachtstraße Promenade des Anglais zu cruisen. Mit zwei kleinen Schwenks

Miles Davies steht als stilisierte Jazz-Ikone vor dem Hotel Negresco in Nizza.

ist man dann irgendwann mitten in den Renaissancevierteln am legendären Hotel Negresco. Vor dessen Pforte steht eine traumhaft bunte Skulptur der Bildhauerin Niki de Saint Phalle, die den Jazztrompeter Miles Davies

Zum Cruisen ist die Côte d'Azur bestens geeignet.

darstellt und neben dem palastartigen Hotelkomplex zu einer ganz eigenen Attraktion an der Promenade des Anglais geworden ist.

Dem Meer abgerungen

Die westliche Verlängerung dieser Prachtpromenade führt zum Flughafen von Nizza, auch ein kleines Kunstwerk. Der Aéroport Nice Côte d'Azur, Frankreichs drittgrößter, ist nämlich weitgehend dem Meer in der hier sehr flachen Bucht der Engel abgerungen.

Was Start und Landung für die Passagiere zu einem Spektakel macht, ist für die Piloten nicht ohne: Der anspruchsvolle Landeanflug erfolgt bei Sichtflugverhältnissen zunächst über dem Meer im rechten Winkel zur Landebahn. Erst 800 Meter vor dem Beginn der Landebahn drehen die Maschinen auf den Landekurs ein. Und beim Start wird rund vier Sekunden nach dem Abheben noch im Steigflug eine 90-Grad-Kurve in Richtung auf das offene Meer geflogen.

Im Anschluss ist ein Abstecher nach *Antibes, Cannes* und in die übrigen mondänen Küstendörfer angeraten. Zunächst lockt in der von Griechen gegründeten „Stadt gegenüber", was der Name Antibes bedeutet, der prächtige Yachthafen im Schatten der alten Festung Fort Carré mit seinen edlen, teuren Booten und Schiffen. Hier sieht man noch offen, wo das Geld steckt.

Das Chateau Grimaldi

Das historische Zentrum hingegen zählt heute zu den begehrtesten Plätzen der französischen Riviera. Ein Symbol der Stadt, welches das Ensemble historischer und moderner Gebäude überstrahlt, ist das Chateau Grimaldi, in dem gleichzeitig eine umfangreiche Kunstsammlung untergebracht ist. Dazu gehören Werke von Mirò und Max Ernst, vor allem aber zahlreiche Schöpfungen von Pablo Picasso.

Ansonsten eignet sich die Innenstadt von Antibes mehr zum legeren Schlendern als zum angenehmen Biken. Das liegt nicht nur an den engen Gassen, sondern auch an der großen Hitze, die offenliegende Motoren bei Lufttemperaturen um die 35 Grad Celsius nun einmal produzieren.

Im Stau vor dem Carlton

Da fährt man gerne und schnell weiter nach Cannes, nur um auf der legendären Croisette, dem Pendant zu Nizzas Promenade des Anglais, gleich wieder im Stau der Ferraris und Rolls Royces zu stehen, die vor dem Hotel Carlton parken wollen.

Etliche Werke von Pablo Picasso und anderen Künstlern sind in Antibes ausgestellt.

Ansonsten ist Cannes, abgesehen vielleicht von den Filmfestspielen, eher ein verschlafenes Nest, und wer einmal im Spätherbst, etwa im Oktober, an die Côte d'Azur kommt, wird schnell feststellen, wovon hier die Rede ist. Dann ist nämlich fast alles geschlossen, ist die Saison beendet, sind die Moneten verdient, ist das Volk ausgeflogen. Weiß der Geier, wohin.

Da ist es ein kleines Stück weiter, in *Mandelieu-La Napoule*, doch schon

Das markante Esterel-Gebirge ist vulkanischen Urspungs.

angenehmer auszuhalten. Zwar ist dieses Örtchen nicht der Nabel der Jet-Set-Welt, hält sich aber auch nicht dafür. Stattdessen weiß es mit einem kulinarischen Highlight zu glänzen, das man sich auch und gerade als Motorrad fahrender Besucher der Côte d'Azur mal gönnen sollte (siehe Autoren-Tipp).

Und dann gibt es ja auch noch reichlich Naturattraktionen, die es sich mit dem Motorrad zu erobern lohnt. Eine

AUTOREN-TIPP

Die drei Brüder Stéphane, Antoine and François Raimbault haben sich mit ihrem **Restaurant L'Oasis** in Mandelieu-La Napoule einen Lebenstraum verwirklicht. Seit 1992 halten sie zwei Michelin-Sterne – von den vielen anderen Auszeichnungen ganz zu schweigen. Und mit immer neuen kreativen Ideen halten sie das Interesse an ihrem außergewöhnlichen Familienbetrieb aufrecht. Als die gehobene Gastronomie auch in Frankreich die Auswirkungen der Wirtschaftskrise zu spüren bekam, eröffneten sie ganz schnell ein Bistro in ihrem weitläufigen Anwesen. Mit 32 Euro liegt das Wahlmenü hier deutlich unter den Preisen der eigenen Haute Cuisine. Ein noch besseres Angebot scheint uns aber der zweistündige Kochkurs für 50 Euro zu sein. Wann kann man schon mal von solchen Kochkünstlern lernen? **www.oasis-raimbault.com**

davon beginnt gleich hinter der Bucht von Cannes und steigt alsbald steil und weithin sichtbar ob der knalligen Gesteinsfarbe vom Meer aus bis auf über 600 Meter an. Die Rede ist vom *Massif de l'Esterel*.

Sein vulkanischer Ursprung ist der Grund für die prägnante Rotfärbung, die der Landschaft ihr ganz eigenes Aussehen gibt. Einen ersten guten Blick auf das Naturwunder gibt es bei *Miramar*. Dort liegt mit dem Pointe de l'Esquillon einer der schönsten Aussichtspunkte.

Im Hafen von Sainte-Raphaël liegen bunte Fischerboote.

Die Küstenstraße ist ein echtes Goldstück. Daher wird sie auch nicht umsonst Corniche d'Or genannt. Wer ihr folgt, erreicht auch *Cap du Dramont*: Von dort aus ist auch ein Blick auf die vorgelagerte *Île d'Or* zu erheischen. >

Kurvenreiche Küstenstraße

Überhaupt gilt es, auf den gut 30 Kilometern zwischen *Thèoule-sur-Mer* und *Saint-Raphaël* aufmerksam zu sein. Die Streckenführung der kurvenreichen Küstenstraße ist endlich mal wieder das, was man sich als Motorradfahrer davon verspricht. Dann sollte man ein Auge immer auch auf der Beschilderung haben, die den Weg weist zu immer neuen Aussichten und Aussichtspunkten.

Und zu guter Letzt kann es auch nicht schaden, sich für diese wirklich spektakuläre Gegend ausreichend Zeit zu nehmen. Ein paar kleine Stichstraßen locken durchaus auch mal von der Küste weg ins felsige Hinterland. Wer bis jetzt noch nicht wusste, warum unsere Empfehlung auf mindestens zwei Fahrtage für die nur 150 Fahrkilometer lautet, dem wird dies nun vielleicht ersichtlich.

Am Ende des Esterel-Massivs steht ein gewaltig schöner Blick aufs Meer.

Noch bevor die quirlige Hafenstadt Saint-Raphaël, See- und Kurbad zugleich, erreicht ist, lohnt auf jeden Fall der eine oder andere Abstecher an eine der kleinen Buchten mit ihren außerhalb der Hochsaison verträumten Stränden. Der Ort selbst bietet sich zum Beispiel für eine Mittagspause an, lässt es sich hier doch angenehm verweilen und aus einer Vielfalt kulinarischer Angebote wählen. Besonders beliebt sind die Restaurants am Jachthafen.

Schutz vor dem Mistral

Von *Fréjus* aus schlängelt sich die Route zunächst an der hier stärker bebauten Küste entlang, bevor sie bei *Sainte-Maxime* den Golf von *Saint-Tropez* erreicht. Dieser letzte Abschnitt der Tour liegt bereits zu Füßen des nächsten Gebirgszuges. Das *Massif des Maures* weist nach dem Esterel einen ganz anderen Charakter auf. Kein Wunder, sind die meisten Felsen hier doch eher von schwärzlicher Färbung als Rot. Und sie erfüllen eine Aufgabe, schützen sie doch einige der begehrtesten Adressen vor dem Mistral.

Ein ganz besonderers Erlebnis ist ein Nachtfahrt entlang der von uns beschriebenen Route. Da die landschaftlichen Ausblicke fehlen, nimmt man der Rest der Welt dafür umso intensiver wahr. Und manches Lichterspiel, das die untergehende Sonne zaubert, legt ein wohltuendes Licht über die von uns – und vielen anderen – so geschätzte und begehrte Côte d'Azur. ◀

INFOS ZUR TOUR

CHARAKTERISTIK

Natürlich ist es nicht unbedingt ein Spaß sich im dichten Verkehr, der vor allem im Sommer an der Côte d'Azur herrscht, mit dem Motorrad durchs Gewühl zu schlängeln. Doch ist die Küste, bei allen Bausünden, auch eine solche Sünde wert. Der Mix aus mondänen Städten, traumhaften Buchten, reichlich Luxus-Architektur und einzigartiger Natur wie am Massif de l'Esterel macht vieles wett.

PÄSSE DER TOUR

Ein paar Pässe sind an der Côte d'Azur tatsächlich entsprechend ausgeschildert:

Col d'Eze (43.733886, 7.346173)	512 m
Col des Quatre Chemins (43.717022, 7.311466)	327 m

ÜBERNACHTUNG

Hotel Ellington
25 Boulevard Dubouchage, F-06000 Nizza
Bezauberndes Boutique-Hotel im Zentrum von Nizza, sichere Parkgarage in der Nähe.
www.ellington-nice.com
GPS 43.70158, 7.27100

Villa Rivoli
10 rue de Rivoli, F-06000 Nice
Zentral gelegen, sicherer Parkplatz und individuelle Zimmer. Die Betreiberin ist Deutsche.
www.villa-rivoli.com
GPS 43.697, 7.25871

Villa Ingrid
13 Avenue du Rivalet, F-83580 Gassin
Günstige Zimmer und Studios bei Saint-Tropez von deutscher Besitzerin.
villa-ingrid-sttropez.com
GPS 43.26195, 6.60167

KOMBINATIONSMÖGLICHKEITEN

Vom Startpunkt dieser Tour aus ist auch die Route des Grandes Alpes – mal in Gegenrichtung – befahrbar (Tour 3 bis 1). Bei Antibes zweigt die Route Napoléon (Tour 10) ab. Auch der Ausflug zum Grand Canyon du Verdon (Tour 8) ist gut kombinierbar. Aber natürlich gibt es weitere Möglichkeiten, etwa die Fortsetzung der Küstenstraße ins Massif des Maures.

Very **Nice**

Nizza ist cool, Nizza ist sunny, Nizza ist hip. Das mag alles sein. Für viele – so auch für uns – ist es schlicht die schönste Stadt an einer mit Attraktionen reich gesegneten Côte d'Azur.

Rund um den Hafen ist Nizza entstanden. Die mondäne Neustadt mit der Promenade des Anglais liegt bereits an der nächsten Bucht.

Nizza, dieser kosmopolitische Schmelztiegel. Man kann diese Stadt nur lieben – oder hassen. Indifferente Gefühle lässt die lebendige Metropole der Côte d'Azur wahrlich nicht zu.

Gerade mal etwas über 150 Jahre gehört der bunte Flecken zur Grande Nation. Davor war er Jahrhunderte, nein, eher Jahrtausende, fest in italienischer Hand. Schon die Römer haben ihre Spuren hier hinterlassen. Doch selbst sie waren, einmal mehr, nicht die Ersten, die sich die strategisch günstige Lage des Hafens zu Nutze machten. Alles, was das Mittelmeer über die Zeiten als Handelsweg genutzt oder aus eher finsteren Motiven unsicher gemacht hat, ist früher oder später auf den gut zu sichernden Flecken an einer von steilen Felsen geschützten Bucht gestoßen.

Entsprechend ist auch der Mix, der die Niçois heutzutage ausmacht: gebräunte arabische und nordafrikanische Gesichtszüge auf der einen, blasse europäische auf der anderen Seite. Mit dem Aufschwung des Adelstourismus zu Zeiten der **BELLE EPOQUE** kamen nämlich auch Engländer und vor allem Russen an die blaue Küste, um hier im angenehmen Mittelmeerklima zu überwintern.

Prachtvolle Stadthäuser und prunkvolle Paläste hat dieser Abschnitt der Geschichte überall im Stadtbild hinterlassen. Nicht wenige davon sind heute Gebäude von öffentlichem Interesse, in denen sich vor allem die zahlreichen **KUNSTMUSEEN** von Nizza befinden.

Zudem gilt es, unbedingt die Gassen und Straßen zwischen dem legendären **HOTEL NEGRESCO** und dem Altstadtviertel **VIEUX VILLE** zu erkunden. Hier ist Leben. Nicht wie in Cannes oder Saint-Tropez, die außerhalb der Sommersaison entvölkert die meisten ihrer Tore verschlossen haben.

Leckereien und Gewürze

Nizza ist anders: Die Märkte sind besonders beeindruckend. Man muss einfach zu den bunten Ständen oder in die kleinen Läden gehen – mit ihren wohlriechenden Zutaten für allerlei, was man gerne kocht, brät, grillt, backt. Man kann sich kaum sattsehen und schon gar nicht satt probieren an den frischen Leckereien, den feinen Gewürzen, den exquisiten Salzmischungen, für die wohl jeder Ladenbesitzer seine eigenen Rezepturen hat.

Was es ansonsten in Nizza alles zu entdecken gibt, davon sollte man sich sein ganz eigenes Bild machen. Vor allem kulinarisch ist der Schmelztigel auch ein Abbild der Nationen, die sich in ihm versammelt haben. Abendliche Streifzüge dürfen am **HAFEN** entlang führen, in dem zwar auch ein paar ordentliche Yachten liegen, längst aber nicht so mit dem Reichtum ihrer Besitzer protzend wie in den Nachbarhäfen von Monaco oder Cannes.

Oder natürlich an der **PROMENADE DES ANGLAIS**. Die berühmte Strandpromenade verführt nicht nur zum Cruisen auf zwei Rädern, sie lädt auch zum Flanieren, Schauen, Staunen ein.

Nicht zuletzt ist Nizza aber für Motorradreisende vor allem eines: eine perfekte Basis an Frankreichs Mittelmeerküste mit schnellstem Zugang zu zahllosen Traumstraßen und Pässen der Seealpen. ◀

INFORMATIONEN gibt es auf einer deutschsprachigen Internetseite: **de.nicetourisme.com**

Die Märkte von Nizza mit ihren bunten Ständen sind besonders verlockend.

Dem Kaiser auf der Spur

Der Weg, den Napoléon bei seiner Rückkehr aus der Verbannung über die Alpen nahm, ist immer noch eine der wichtigsten Verbindungen zwischen Bergen und Meer. Deshalb eignet sie sich auch so gut für die Rückreise von der Côte d'Azur in heimische Gefilde. Heute ist die Reise zudem leichter, als zu den Zeiten des Exil-Kaisers.

Wo Napoléon marschierte, lässt es sich auch ziemlich gut Motorrad fahren: auf und neben der Route Napoléon!

TOUR 10 ROUTE NAPOLÉON

TOUREN-STECKBRIEF

START- UND ZIELORT

Antibes (43.58057, 7.12756); Grenoble (45.19307, 5.72603)

STRECKENLÄNGE

ca. 330 km

DAUER DER TOUR

6-8 Stunden, Empfehlung für diese Tour: 2-3 Tage

ROADBOOK

Antibes, Grasse, Castellane, Digne-les-Bains, Château-Arnoux-Saint-Auban, Sisteron, Tallard, Gap, Corps, La Mure, Laffray, Vizille, Grenoble.

HIGHLIGHTS

Die Straße und ihre Geschichte sind das Highlight. Ansonsten dreht sich an der Route Napoléon viel um das, was rechts und links des Weges liegt. So lässt sich die Tour um diesen roten Faden herum auch nahezu beliebig ausdehnen. Die Strecke weist trotz des Ausbaus zur Route National einige Pässe auf, von denen der Col de Lèques (43.865322, 6.464510) mit 15 Kehren zu begeistern weiß.

Prächtige Aussicht auf die Route Napoléon bei Gap.

TOUR 10 ROUTE NAPOLÉON

Rund um das schmucke Alpenstädtchen Digne-les-Bains geben sich die Lavendel-Alpen recht einladend.

Napoléons Marsch durch die Alpen legte den Grundstein für die nach ihm benannte Route.

Sieben Tage benötigte der Namensgeber der beliebten und touristisch bestens ausgebauten Route Napoleón, die auf Straßenkarten als RN 85 gekennzeichnet ist, um die 335 Kilometer von Golfe-Juan an der *Côte d'Azur* bis zur Hochgebirgsstadt Grenoble zu gelangen. Napoléon Bonaparte, der legendäre französische Staatsmann, General, Kaiser und schlussendlich Geächteter marschierte gemeinsam mit einigen Gefolgsleuten zu Pferd und zu Fuß vom Mittelmeer in Richtung Alpen.

Wir machen es ihm gut 200 Jahre später nach; allerdings bequem im Sattel unseres Motorrads und mit der Maßgabe, die Route Napoleón als eine Art roten Faden für eine mehrtägige Reise durch die beiden Regionen Provence Alpes-Côte d'Azur und Rhônes-Alpes zu nutzen. Natürlich

könnte man die Strecke heutzutage problemlos innerhalb eines einzigen Tages abfahren. Dies wäre allerdings ob der vielen interessanten Eindrücke auf und abseits der Strecke sowie dem einen oder anderen Abstecher doch gar zu schade. Unser Ziel, Napoléons Weg nachzueilen, bedingt daher eine gewisse Langsamkeit.

Wir machen uns von ***Antibes*** aus auf den Weg. Ganz in der Nähe, in ***Golfe-Juan***, startete am 1. März 1815 auch Napoléon mit seinen Mannen. Seine Motivation allerdings war eine andere: Er wollte die Macht im Staate wiedererlangen. Den Plan zur Rückeroberung der Krone schmiedete er während seines Exils auf Elba, wohin er ein Jahr zuvor nach seiner erzwungenen Abdankung verbannt worden war. In einer spektakulären Nacht-und-Nebel-Aktion gelang es ihm schließlich, die Soldaten, die ihn dort hätten überwachen sollen, auf seine Seite zu ziehen. Gemeinsam mit ihnen flüchtete er von der italienischen Insel zurück auf das französische Festland.

Provenzalische Leckereien

In Antibes, der drittgrößten Stadt an der Côte d'Azur, gönnen wir uns einen letzten Imbiss mit Blick aufs blaue Meer. Einige provenzalische Leckereien haben wir kurz zuvor in der

In den engen, steilen Gassen von Grasse riecht es überall nach Parfüm.

Markthalle, die zu Füßen des Château Grimaldi zu finden ist, und bei einem kurzen Spaziergang durch die schmucke Altstadt eingekauft.

Schlussendlich statten wir noch dem im Château untergebrachten und erst vor wenigen Jahren wieder eröffneten Picasso-Museum einen Besuch ab. Im Jahre 1946 hatte der Künstler über drei Monate lang hier gelebt und gearbeitet. Nach seinem Aufenthalt hinterließ er alles, was er hier geschaffen hatte – insgesamt 23 Gemälde und 44 Zeichnungen – der Stadt Antibes. Diese Hinterlassenschaft war der Auslöser für die Stadtverantwortlichen, das Gebäude in ein umfassendes Museum für moderne Kunst zu wandeln. In der Sammlung befinden sich auch Werke von Miro, Modigliani, Leger und de Stael sowie von Hans Hartung und Anna-Eva Bergman, die ebenfalls in Antibes gelebt haben.

Kein Sightseeing

Die Entstehungszeit des Schlosses wird auf das 12. Jahrhundert datiert. Damit existierte es zu Napoléons Zeiten zwar schon, allerdings hatte der soeben Geflohene für Sightseeing – im Gegensatz zu uns – weder Zeit noch Muße. Im Gegenteil: Sein Ziel war es, so schnell und sicher wie möglich nach Paris zu gelangen, um dort die Macht wieder zurück zu erobern. Doch da überall seine Gegner lauern konnten, hielt er sich nirgends lange auf: Sein Marschpensum betrug trotz der hügeligen Umgebung mehr als stattliche 50 Kilometer pro Tag. Dabei wählte er nicht den einfachsten Weg, sondern den beschwerlichen quer durch die südfranzösischen Alpenausläufer.

Wider Erwarten gelang dieses Vorhaben viel einfacher, als von ihm vorausgesagt. In Frankreichs Süden zumindest waren ihm die Bewohner durchaus wohl gesonnen: Schon in den Dünen von ***Cannes*** und auf dem Plateau de Roquevignon kurz vor ***Grasse*** wurde der Imperator begeistert gefeiert. Der dortige Bürgermeister persönlich lud ihn zur Übernachtung in sein Schloss ein.

Dessen Nachfolger lässt uns diese Ehre nicht zuteil werden. Dies ist in Anbetracht der üppigen Hotelinfrastruktur von Grasse und Umgebung zu verschmerzen: Nicht nur die Kathedrale Notre Dame du Puy und die Altstadt um sie herum werden von uns bei der Erkundungstour unter die Lupe genommen. Die kleinen Gassen, dunklen Fassaden und idyllischen Hinterhöfe sorgen dafür, dass wir uns fühlen, als seien wir per Zeitmaschine geradewegs zurück ins Mittelalter gereist.

Mitverantwortlich dafür sind sicher auch die Bilder, die manch einem durch die Verfilmung von Patrick Süskinds Krimiklassiker „Das Parfüm – Die Geschichte eines Mörders“, dessen Handlung im 18. Jahrhundert spielt, noch im Hinterkopf präsent sind.

Natürlich können wir Grasse nicht verlassen, ohne zumindest eine der Parfümfabriken, die der Stadt Wohlstand und Berühmtheit verschafft haben, zu besichtigen. Galimard, Molinard, Fleuron de Grasse, Guy Bouchara und schließlich Fragonard sind die berühmtesten. Wir entscheiden uns für letztere, weil an zentraler Stelle gelegen und mit ausreichend Parkplätzen gesegnet. Die sind in der engen Altstadt von Grasse ansonsten nämlich Mangelware.

Die Welt der Düfte

Während einer anderthalbstündigen – kostenlosen – Führung lassen wir uns auf die Welt der Düfte ein. Nach schnellem Kauf von Mitbringseln für die Daheimgebliebenen heißt es dann

aber auch wieder Abschied zu nehmen und zurückzukehren auf die Nationalstraße RN 85.

Zu den Gorges du Verdon

Den dritten Tag seiner Reise benötigte der Feldherr, um von *Castellane* über *Barreme* nach *Digne-les-Bains* zu gelangen. Wir dagegen schätzen uns glücklich mobilisiert zu sein. Da sich Castellane direkt am Fluss Verdon und damit am Zugang zu den *Gorges du Verdon* befindet, bleibt im Normalfall genügend Zeit, um die berühmte Schlucht, auch *Grand Canyon du Verdon* genannt, zu erkunden (den Anschluss dazu bietet Tour 8).

Liebhaber von eindrucksvollen Naturspektakeln sollten sich dafür unbedingt ausreichend Zeit lassen, denn sie ist nicht nur die zweitgrößte Schlucht Europas, sondern kann sich – gerade was atemberaubende Ein- und Ausblicke angeht – durchaus mit ihrem großen „amerikanischen Bruder“ messen.

Doch wir möchten heute noch frühzeitig Digne, die Hauptstadt des Départements Alpes-de-Haute-Provence erreichen. Bis dorthin war auch für Napoléon auf seinem Weg zurück zur Macht alles gut verlaufen. Erst ab hier sollte es kritisch für ihn werden. Außerdem ist etwas Abwechslung vom Motorradfahren eingeplant. Die Route Napoléon kann, bedingt durch ihren weitgehend guten Ausbau, sowieso eher mit den Attraktionen an ihrem Verlauf, denn mit fahrerischen Heraus-

Straßencafés im Herzen von Digne locken zu sonniger Rast.

forderungen punkten. Und so genießen wir an einem sonnigen Nachmittag das Leben in den Cafés rund um den Place Général de Gaulle, der zu Füßen der eindrucksvollen Cathédrale Saint-Jérôme de Digne liegt, bevor wir etwas außerhalb der Stadt ein absolut sehenswertes Quartier beziehen.

Das *Le Vieil Aiglun* ist ein ehemals verlassenes und vergessenes Bergdorf. Kurz nach der Jahrtausendwende kaufte ein belgisches Ehepaar die letzten noch nicht verfallenen Gebäude und wandelte diese behutsam in drei sehr individuelle Ferienhäuser um. Schon die Anfahrt macht Laune, geht es doch aus dem Tal der Bléone steil und in einigen Serpentinen hoch hinaus auf das sonnige Plateau. Mit einem fantastischen Blick auf die Bergwelt beschließen wir diesen Tag.

Den folgenden Vormittag vertreiben wir uns zunächst mit einer kleinen Wanderung durch das *Réserve Naturelle Géologique de Haute-Provence*, den größten geologischen Naturschutzpark Europas, und einer Besichtigung des zugehörigen Museums im Parc St-Benoît oberhalb der Stadt Digne. Erst im Anschluss schlüpfen wir wieder in unsere Motorradkleidung und machen uns nach *Sisteron*, dem nächsten Etappenziel der Route Napoléon, auf.

Beeindruckende Zitadelle

Vor den Toren der Stadt angekommen, beeindruckt die mächtige, auf einer Anhöhe erbaute Zitadelle. Bis 1920, also auch zu Napoléons Zeiten, wurde die Festung als militärischer Stützpunkt genutzt – und wir können uns

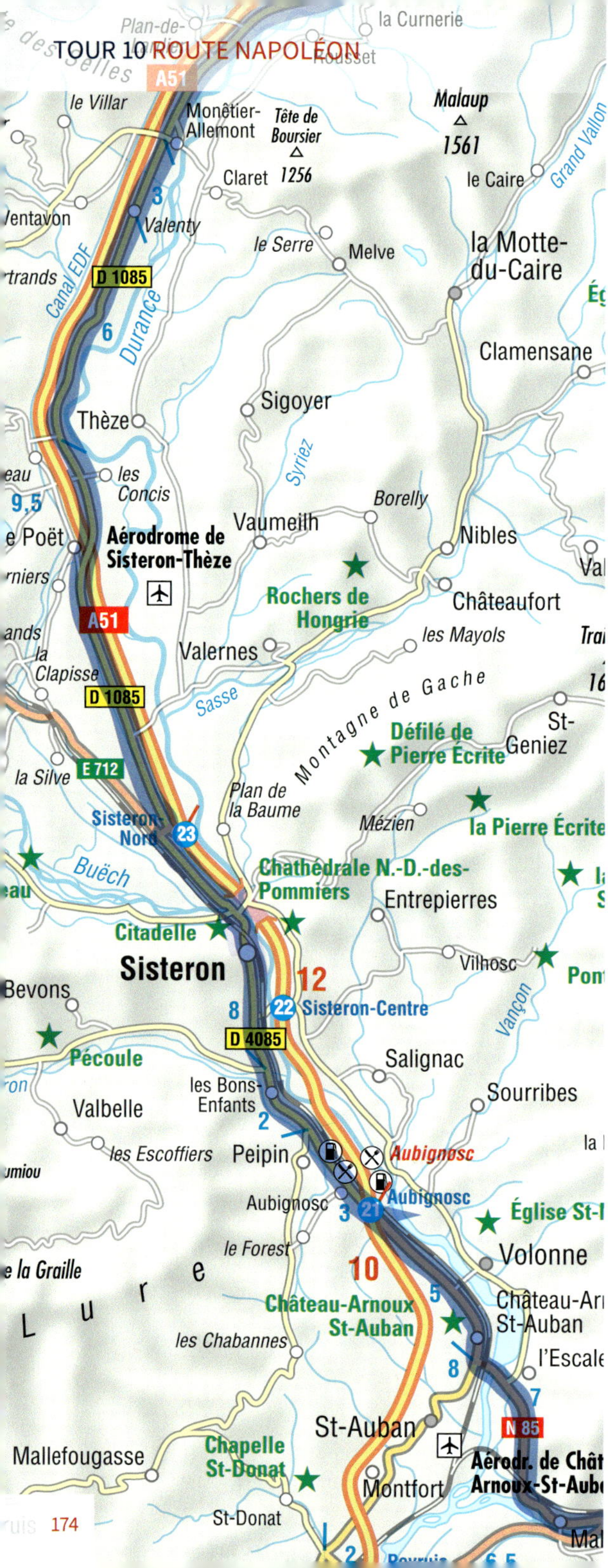

sehr gut ausmalen, dass der Feldherr sich hier alles andere als sicher fühlte.

Im Gegensatz zu uns wusste er schließlich nicht, dass der damalige Verwalter der Stadt offiziell zwar auf Seiten der Royalisten rund um Ludwig XVIII. stand, heimlich jedoch ein Fan Napoléons gewesen war. Er ließ den Befehl erteilen, alle militärischen Truppen rund um Sisteron abzukommandieren, die Munition aus der Zitadelle herauszuschaffen sowie die Wachen abzuziehen. Auf diese Weise konnte der rebellische Franzose in der Nacht zum 5. März 1815 ungehindert in die Stadt einziehen und wurde dort sogar vom Bürgermeister persönlich begrüßt.

Bastion der Royalisten

Im historischen Rückblick ist diese Entscheidung mehr als erstaunlich, da die Überquerung des Flusses *Durance*, an dessen Ufern sich der Ort befindet, gleichsam den Übergang von der Provence in die Dauphine markiert. Bis heute trägt Sisteron den Beinamen „Porte de la Provence" (Tor zur Provence). Sie war also die letzte Bastion auf royalistischem Gebiet und so gut aufgestellt, dass sie die Reise Napoléons mühelos hätte beenden können.

Sein laut Überlieferungen hier geäußerter Satz „Ich bin in Paris!" hatte demnach durchaus einen wahren Kern, denn der Rest seiner Reise war aus militärischer Sicht geradezu ein Kinderspiel und glich eher einem einzigen Triumphzug. Schon in Gap wurde er von der Bevölkerung am Abend des 6. März 1815 begeistert empfangen. Gleiches gilt für die anderen Orte und Gemeinden auf seinem weiteren Weg nach Norden.

Bevor mit Grenoble der Endpunkt der Route Napoléon – und damit das Ende unserer Reise – erreicht ist, statten wir dem kleinen Örtchen *Vizille* noch einen Besuch ab. Wir möchten mehr über die französische Vergangenheit erfahren und versuchen nachzuvollziehen, wie die Epoche Frankreichs gewesen ist, die den Menschen Napoléon hervorgebracht hat. Antworten auf viele unserer Fragen finden wir im mehr als sehenswerten Musée de la Révolution française, das im imposanten Schloss von Lesdiguières aus dem 17. Jahrhundert untergebracht ist. Bevor wir uns in die spannende Ausstellung stürzen, machen wir noch einen kleinen Spaziergang durch die

Dieses Schloss beherbergt das Musée de la Révolution française in Vizille.

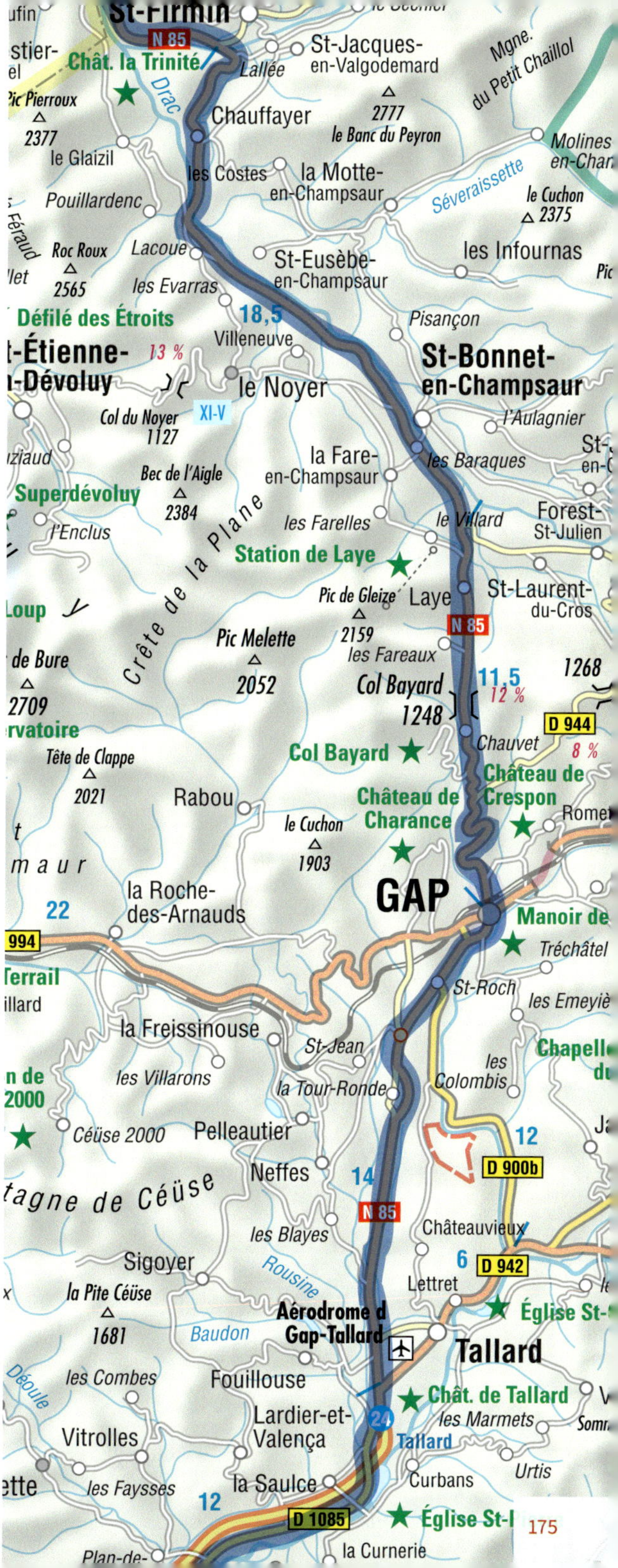

herrschaftlich angelegte und an einigen Stellen an Versailles erinnernde Parkanlage des Schlosses.

Laffrey ist anschließend unser vorletztes Etappenziel: Hier hat sich im Jahre 1815 eine weitere Sensation ereignet, denn nicht nur die Landbevölkerung, auch die letzten verbliebenen royalistischen Truppen schlossen sich dem mutigen Feldherren an, so dass er am Abend des 7. März 1815 tatsächlich rehabilitiert in Grenoble – dem nördlichen Endpunkt der RN 85 – auflaufen konnte.

Nach St. Helena verbannt

Dort hätte er allerdings besser bleiben oder umkehren sollen, um sich in dem einen oder anderen Ort entlang der heute nach ihm benannten Themenstraße nach einem schicken Domizil umzuschauen. Zwar erreichte er 13 Tage später Paris und eroberte dort auch offiziell die Krone zurück. Doch die folgende Zeit sollte dann als „Herrschaft der Hundert Tage" in die Annalen der Geschichte eingehen: Nach der verlorenen Schlacht in Waterloo musste Napoléon als Kaiser erneut abdanken. Er wurde anschließend und endgültig nach St. Helena verbannt, wo er sechs Jahre später verbittert starb.

Uns darf es egal sein. Grenoble bietet reichlich Ablenkung von düsteren Gedanken über das Wohl und Wehe eines letztendlich Gescheiterten. Das lässt sich auch in unserem Städtetipp (Seite 84) nachlesen. ◀

INFOS ZUR TOUR

CHARAKTERISTIK

Die **ROUTE NAPOLÉON** ist wegen ihres guten Ausbaus zu einer Route National eine beliebte Strecke für Ferienheimkehrer aus dem Süden Frankreichs. Doch eigentlich ist sie dafür viel zu schade, denn sie hat ihre ganz eigenen Reize. Für geschichtsträchtige Orte wie Grasse (43.65737, 6.92188), Digne (44.09279, 6.2351), Gap (44.56167, 6.08414) oder Grenoble (45.19307, 5.72603) sollte ausreichend Zeit eingeplant werden. Wir empfehlen zwei bis drei Tage.

PÄSSE DER TOUR

Sie zählen nicht zu den großen Alpenpässen, aber dennoch haben die Scheitelpunkte entlang dieser Route einiges an Fahrvergnügen zu bieten:

Col du Pilon (43.684838, 6.884040)	782 m
Pas de la Faye (43.711114, 6.836854)	984 m
Col de Valferrière (43.750900, 6.730263)	1169 m
Col de Luens (43.817064, 6.590080)	1054 m
Col de Lèques (43.865322, 6.464510)	1148 m
Col de l'Orme (44.032754, 6.206031)	742 m
Col Bayard (44.613532, 6.081059)	1248 m

ÜBERNACHTUNG

La Jabotte Boutique Hotel
13 avenue Max Maurey, F-06160 Antibes
Sehr individuell eingerichtetes Boutique-Hotel. Private Parkplätze verfügbar. **www.jabotte.com**
GPS 43.56983, 7.12725

Le Vieil Aiglun
Le Vieil Aiglun, F-04510 Aiglun
Renoviertes Bergdorf mit drei Ferienhäusern in toller Lage bei Digne. **www.vieil-aiglun.fr**
GPS 44.06351, 6.13053

Hotel Gambetta
59 Boulevard Gambetta, F-38000 Grenoble
Kleines, charmantes Stadthotel. Parkplätze verfügbar. **www.hotel-gambetta.com**
GPS 45.18290, 5.72689

KOMBINATIONSMÖGLICHKEITEN

Wer die RDGA (Tour 1-3) zur Côte d'Azur (Tour 9) genommen hat, nutzt diese Tour zur Rückreise und kann noch das Vercors (Tour 5) aufsuchen.

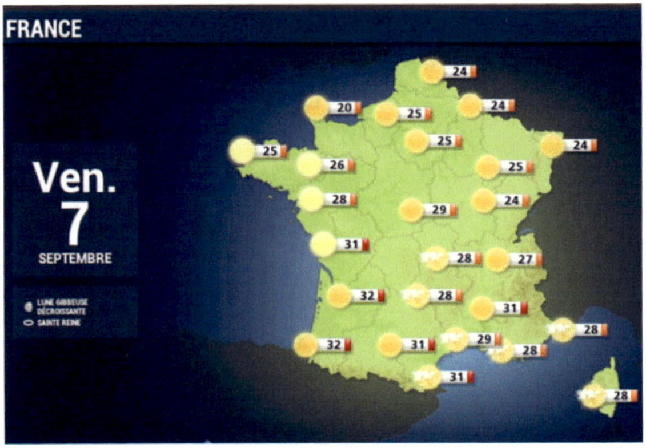

KLIMA | REISEZEIT

Wer die beste Reisezeit ermitteln möchte, sollte sich vorher darüber im Klaren sein, welchen Teil der französischen Alpen er aufsuchen möchte. Die höchsten Pässe der Hochalpen haben nämlich nur wenige Monate im Jahr geöffnet. Frühestens Anfang Juni gehen die Schranken hoch, spätestens Ende Oktober ist schon wieder Schluss. Tagesaktuelle Infos bietet **www.alpenpaesse.de** im Netz.

Im Juli sucht der Tross der *Tour de France* in schöner Regelmäßigkeit die französischen Alpen heim. Das muss bei der Planung beachtet werden, denn die Infrastruktur vieler Regionen ist für diesen Ausnahmezustand nicht geschaffen. Die jährlich wechselnde Streckenführung mit genauen Terminen lässt sich auf **letour.fr** einsehen.

Abseits der Hochalpen beginnt die Motorrad-Reisezeit etwa im Mai. Bis Ende Oktober lässt es sich in weiten Teilen der französischen Alpen bestens unterwegs sein. Meiden sollte man aber den August. Da ist ganz Frankreich auf Achse in die Sommerfrische.

Fahren in den Bergen ist generell mit einem Witterungsrisiko verbunden. Man kann bei noch so blauem Himmel starten und doch Gefahr laufen in ein Sommergewitter zu geraten. In den letzten zehn Jahren haben sich September und Oktober als die stabilsten Monate erwiesen. Nur sollte bei der Etappenplanung nicht übersehen werden, dass es dann schon recht früh (gegen 18.30 Uhr) dunkel wird.

Während es in alpinen Höhenlagen selten richtig heiß wird, kann es in den von der Sonne verwöhnten Gebieten etwa der Drôme oder der Haute-Provence schnell und lang anhaltend über 30 Grad werden. Funktionswäsche deckt dieses Spektrum am besten ab und gehört in jedes Urlaubsgepäck.

ANREISE

Für viele von uns sind die französischen Alpen deutlich mehr als eine Tagesreise entfernt. Wir haben als Ausgangspunkt für einen Motorradurlaub in Frankreichs Hochgebirge mal Annecy am gleichnamigen See gesetzt.

Reisende aus dem Hohen Norden wählen die Strecke über Hannover, Frankfurt, Karlsruhe und dann durch die Schweiz. Das sind gute 1100 Kilometer einfache Fahrt.

Reisende aus dem Osten und Berlin sind auch nicht besser dran. Für die Strecke Berlin-Annecy sind das rund 1150 Kilometer über Leipzig und Nürnberg nach Karlsruhe und dann ebenfalls durch die Schweiz.

Auch für Westdeutschland gilt die Anreise über die Schweiz mit 822 Kilometern als schnellster Weg. Für Reisende aus dem Rhein-Main-Gebiet verkürzt sich der ab hier identische Weg um gut 200 Kilometer.

Immer noch gute 630 Kilometer sind es von München aus. Die Strecke verläuft über Memmingen, St. Gallen, Zürich und Bern an den Genfer See und weiter zum Ufer des Annecy-Sees. Reisende aus dem westlichen Österreich wählen eine ab dem Bodensee identische Route mit knapp über 600 Kilometern.

Von Wien aus sind es schon wieder deutlich über 1000 Kilometer. Da lohnt ein Blick auf das Autozug-Angebot der ÖBB zumindest bis Feldkirch.

Den mit rund 530 Kilometern kürzesten Zugang zum frankophonen Gebirge hat der Großraum Stuttgart. Hier geht es über Singen, Zürich, Bern sowie Genf nach Annecy.

Wer Infos über das aktuelle Angebot an Autozügen sucht, wird derzeit (Januar 2017) hier fündig:

www.ee-autozug.com
www.bahntouristikexpress.de
www.urlaubs-express.de
www.oebb.at.

UNTERKUNFT

Eine Menge individuell geführter Hotels aller Kategorien nehmen Motorradfahrer heute gerne als Gäste auf. Hinzu kommen gleich zwei Hotelvereinigungen, die sich gar intensiv um Motorrad-Reisende bemühen.

Zwei der vier Marken unter dem genossenschaftlichen Dach der ***SEH United Hoteliers*** sind besonders interessant. Die flächendeckend in Frankreich anzutreffenden ***Inter Hotels*** gehören meist zur 3 Sterne-Kategorie. Als Stadthotels verfügen sie oft über Garagen oder anderweitig gesicherte Parkgelegenheiten. Auf dem Land legen viele dieser Häuser Wert auf eine ansprechende Gastronomie.

de.inter-hotel.com

Bei den ***Relais du Silence*** handelt es sich durchweg um Schmuckstücke. Die Häuser begeistern durch ihre überschaubare Zimmerzahl und sind zumeist individuell eingerichtet – und ebenso geführt. Leider sind nicht viele dieser Angebote in den französischen Alpen zu finden. Ein Blick auf die vorhandenen lohnt dennoch.

de.relaisdusilence.com

Die zweite Gruppe mit einem Faible für Motorradfahrer sind schon seit vielen Jahren die ***Logis Hotels***. Logis ist die größte Kooperation selbständiger privater Hotel-Restaurants in Europa mit über 2400 Etablissements. In Frankreich gibt es zudem eine regionale Aufteilung – und manche der Logis-Regionen sind aktive Förderer des Motorradtourismus.

www.logishotels.com

Am einfachsten bezahlt man mit Kreditkarten, die man am besten vorher schon griffbereit in einer der Jackentaschen oder im Tankrucksack verstaut. EC-Karten, die ja immer eine Verifizierung benötigen, werden nicht akzeptiert.

Eine ganz andere Übernachtungsphilosophie gibt es bei den französischen *Gîte* (**www.gitesdefrance.com**) wie auch bei den *Chambres d'hôtes* (**www.chambres-hotes.fr**). Sie sind dem britischen Bed & Breakfast nachempfunden und zeichnen sich durch ihre familiäre Atmosphäre in zumeist kleinen, ländlichen Häusern und auf hübsch restaurierten Höfen aus. Wer keine Lust auf Selbstversorgung hat, kann mittlerweile in vielen Häusern auf Anfrage und Vorbestellung ein Zimmer mit Halb- oder Vollpension reservieren. Diese sind unter dem Begriff *Table d'hôte* zu finden. Die Mahlzeiten werden nur für die Gäste zubereitet, es gibt keinen öffentlichen Restaurantbetrieb.

PRAKTISCHES

MAUTGEBÜHREN werden in Frankreich auf den privat betriebenen Autobahnabschnitten erhoben – also nicht auf allen Strecken. Einen schnellen Überblick verschafft der Mautrechner von **autoroutes.fr** (franz./engl.).

TANKEN

Oftmals am günstigsten (stellenweise bis zu zehn Cent) sind die einer der großen Supermarktketten angeschlossenen Tankstellen sowie die 24h-Tankautomaten. Beide Anbieter nehmen kein Bargeld, sondern nur EC- oder Kreditkarten an. Deutsche Kartenvarianten werden mal hier, mal dort, mitunter aber auch gar nicht akzeptiert. Hier ist es gut, wenn man in der Gruppe fährt und so einzelne Karten durchprobieren kann.

In Regionen mit spärlicher Infrastruktur empfehlen wir, die Maschinen häufiger und an personell besetzten Tankstellen zu füttern.

Super = SP95 (sans plomb: bleifrei)
Super Plus = SP98
Super E10 = E10 & SP95
Diesel = Gazole / Gasoil

GESCHWINDIGKEIT

Wer seinen Motorradführerschein noch keine zwei Jahre besitzt, für den gilt bei Fahrten in Frankreich folgende Ausnahmeregelung: auf Autobahnen maximal 110 km/h (statt regulär 130 km/h), außerorts maximal 80 km/h (statt regulär 90 km/h) und auf Schnellstraßen maximal 100 km/h (statt regulär 110 km/h). Innerorts gilt für alle die maximale Geschwindigkeit von 50 km/h.

Zudem gibt es folgende Sonderregelung für alle in Frankreich: Bei nassen Straßen muss die Geschwindigkeit reduziert werden. Auf Landstraßen gilt dann Tempo 80 km/h und auf Autobahnen 110 km/h.

GESCHWINDIGKEITSKONTROLLEN

Auf Nationalstraßen und an Autobahnen finden sich häufig Hinweisschilder, mit denen auf automatische Geschwindigkeitskontrollen hingewiesen wird: „Vitesse contrôlée automatique" oder auch „Contrôles radars fréquents", gerne mit dem Zusatz „à votre securité" (zu Ihrer Sicherheit). Die sollte man unbedingt ernst nehmen und die Geschwindigkeit anpassen. Hinter ihnen tauchen – immer – halbhohe Blitzer auf, die auf Augenhöhe fotografieren: sowohl von vorne als auch von hinten.

Die neue Generation französischer Radargeräte erinnert optisch eher an Straßenlaternen oder kleine Flutlichtmasten. Sie stehen am Straßenrand und blitzen aus einer Höhe von etwa vier bis sechs Metern. An den Hauptverbindungsstraßen führt die Gendarmerie auch mobile Geschwindigkeitskontrollen durch – ohne Vorwarnung!

WARNWESTE

Auch wir Motorradfahrer müssen seit dem 1. Januar 2016 eine reflektierende Warnweste mit CE-Kennzeichnung mit uns führen, diese aber nur im Falle eines Unfalls oder einer Panne auch überstreifen. Dies gilt nicht für die Sozia. Entgegen anders lautenden Meldungen müssen Motorradfahrer die Weste also nicht grundsätzlich während der Fahrt tragen.

HANDSCHUHPFLICHT

Seit November 2016 gilt sowohl für Fahrer/innen, als auch für Passagiere sämtlicher motorisierter Zweiräder vom Mofa bis zum Supertourer folgende Regelung: Es müssen Handschuhe getragen werden. Diese Handschuhe müssen zudem CE-konform sein, also ein entsprechendes Label tragen. Wer ohne oder mit nicht geprüften Handschuhen erwischt wird, zahlt 68 Euro Strafe, und zwar pro Person!

ALKOTEST

Ein Kuriosum: Offiziell muss zurzeit ein Alkoholtestgerät mitgeführt und bei Kontrollen auf Verlangen vorgezeigt werden. Wer dies nicht tut, wird aber – bisher – nicht bestraft. >

STAUDURCHFAHRT

Was in Deutschland trotz anhaltender Diskussionen nach wie vor verboten ist, haben die Franzosen am 1. Februar 2016 in einigen französischen Départements – zunächst versuchsweise – erlaubt: das Vorbeischlängeln von Motorrad- und Rollerfahrern an langsamen Fahrzeugkolonnen. Diese Verkehrsregelung ist vorerst bis zum 31. Januar 2020 befristet und gilt für den Großraum Paris (Region Ile-de-France) sowie die Départements Bouches-du Rhône, Gironde und Rhône.

UMWELTZONEN

Die bereits im Sommer 2016 in Frankreich eingeführte Vignette Crit'Air ist nun auch für im Ausland zugelassene Fahrzeuge, darunter Motorräder, zwingend vorgeschrieben. Aktiv werden muss aber nur, wer vor hat, in eine der Umweltzonen zu fahren, die aktuell (Januar 2017) in Frankreich bestehen. Das sind gerade mal drei: der Großraum Paris, der Großraum Grenoble sowie der Großraum Lyon mit Villeurbanne. Zwar sollen in den kommenden Jahren rund 30 weitere hinzukommen. Betroffen sind aber weitgehend nur Ballungsgebiete mit hohem Verkehrsaufkommen.

Die Vignette kostet knapp 30 Euro und kann online bei Green Zones (Bestellung und Infos auf Deutsch) bestellt werden. **www.crit-air.fr**

FRANZÖSISCHE ALPEN IM NETZ

Der offizielle Internetauftritt von Atout France bietet bisher nur eine spärlich mit Informationen gefüllte Unterrubrik für Motorradreisende. Vor allem sollten die Inhalte dringend einmal auf Korrektheit bzw. ihre Aktualität hin überprüft werden. So ist der sehr prominent platzierte Hinweis zur Warnwestenpflicht schlicht falsch.

de.france.fr

Der Tourismusverband von PACA stellt auf einer deutschsprachigen Website verschiedene Motorrad-Routen vor. Man hat die Wahl zwischen Kurztrips und mehrtägigen Reisen. Geboten wird die Downloadmöglichkeit von Kartenmaterial und GPS-Daten, hinzu kommen detailliert beschriebene Raodbooks.

mototourismepaca.fr

Seit Jahren betreibt MoTour-Media – der Verlag, in dem auch das Motorrad-Tourenmagazin **ALPEN-TOURER** erscheint – eine Webseite zur französischen Region Rhône-Alpes. Dort sind unter anderem Routenvorschläge,

auch für Motorradreisende, zum Download bereitgestellt. Leider geben die offiziellen Seiten der wohl vielfältigsten französischen Region diesbezüglich nichts her.
rhonealpes-touren.de

THEMENROUTEN

Die berühmteste Route Frankreichs, die Route des Grandes Alpes, führt von den Alpen bis zum Mittelmeer. Infos dazu bietet eine französische Website. **www.grande-traversee-alpes.com**

Napoléon durchquerte im Jahr 1815 von Golfe-Juan aus die Alpen, um in Paris die Macht zurückzuerobern. Seine Marschroute bildete den Grundstein für die Route Napoléon. Und die entspricht heute der Route Nationale 85. **www.route-napoleon.com**

LITERATUR | KARTEN

Ein einzigartiges Produkt ist das **FOLY-MAPS** Tourenkarten-Set **Französische Alpen** aus dem TVV Touristik Verlag. Es besteht aus jeweils acht Tourenkarten und kostet 19,95 Euro. Auf jeder Karte gibt es vier verschiedene Tourvorschläge, die auf der Rückseite des Kartenblatts eingehend beschrieben sind. Darüber hinaus lassen sich die robusten Karten auch bestens als Straßenkarten für die Planung und auch unterwegs benutzen.

Die Kartenbasis stammt vom Kunth Verlag und ist übrigens identisch mit der in diesem Buch für die Detailkarten verwendeten.

Alle Karten sind beidseitig foliert und so gegen Wasser und Verschmutzung gut geschützt. Reißfest sind sie noch dazu. Außerdem kommen sie in einer handlichen Kunststofftasche, die zusätzlichen Schutz bietet. Durch die Verwendung von Mikrofolie anstelle des sonst üblichen steifen Laminats bleiben die Karten hochflexibel und gut faltbar. Damit lassen sie sich in jeder gewünschten Ansicht im Kartenfach eines Tankrucksacks integrieren. Der Maßstab der Karten ist 1:250 000.

ISBN 978-3-937063-13-3

Auch erhältlich als Papierkarten-Set in einer Pappbox für 11,95 Euro.
www.bikerbetten.de

MOTORRAD-TOURENMAGAZIN

Alpentourer bietet sechs Ausgaben pro Jahr, prall gefüllt mit Tourentipps zu den schönsten Strecken zwischen Atlantik und Adria. In regelmäßigen Abständen werden auch Touren durch Frankreich vorgestellt. Erst 2016 ist zudem ein **FRANKREICH SPEZIAL** erschienen, das für 8,50 Euro zzgl. Versandkosten beim Verlag erhältlich ist.
www.motourmedia.de

Kleiner **Sprachführer**

Für eure Motorradreise nach Frankreich sind hier die wichtigsten Begriffe und Redewendungen zusammengestellt.

Hinweise zur Aussprache | Sonderzeichen:

â	dunkler als das dt. a	Bsp. theâtre (Theater)
ç	stimmloses s wie in Tasse	Bsp. ça (das)
é	geschlossenes e	Bsp. étudiant (Student)
è	offenes ä	Bsp. mère (Mutter)
ê	offenes e	Bsp. fenêtre (Fenster)
ô	geschlossenes o	Bsp.: Region Rhône-Alpes
œ	geschlossenes ö	Bsp. cœur (Herz)
û	geschlossenes ü	Bsp. bien sûr (natürlich)

VERSTÄNDIGUNG

ja / nein	oui / non
was / wann / wo/ hier	quoi / quand / où / ici
Sprechen Sie Deutsch?	Vous parlez allemand?
Haben Sie mich verstanden?	Vous avez compris?
Ich habe verstanden.	J'ai compris.
Ich habe das nicht verstanden.	Je n'ai pas compris.

BEGRÜSSUNG | VERABSCHIEDUNG

Hallo	Salut
Guten Tag / Abend	Bonjour / Bonsoir
Wie geht es Dir / Ihnen?	Comment vas-tu / alllez-vous?
Danke, gut. Und Dir / Ihnen?	Très bien, merci. Et toi / vous?
Auf Wiedersehen / tschüss	Au revoir / Salut

KENNENLERNEN

Ich heiße…	Je m'appelle…
Wie heißt Du / heißen Sie?	Comment tu t'appelles / vous appelez-vous?
Woher kommst Du / kommen Sie?	D'où viens-tu / venez-vous?
Ich komme aus Deutschland / Österreich / der Schweiz	Je viens d'Allemagne / d'Autriche / de Suisse.

HÖFLICHKEIT

Bitte	S'il vous plaît
(Vielen) Dank (e)	Merci (beaucoup)
Könnten Sie mir bitte helfen?	Est-ce que vous pourriez m'aider, s'il vous plaît?
Entschuldigen Sie!	Excusez-moi / Pardon!
Das tut mir leid!	Je sui désolé!
Das macht nichts!	Ça ne fait rien!

NOTRUFNUMMERN IN FRANKREICH (generell: 112)

17 (Polizei) | 18 (Feuerwehr) | 19 (Rettungswagen)

UNTERKUNFT

Wo ist die Touristeninformation?	Où se trouve l'office du tourisme?
Können Sie mir ein gutes Hotel / preiswertes Hotel / eine Pension / eine Privatunterkunft empfehlen?	Vous pourriez me recommander un bon hôtel / un hôtel pas trop cher / une pension / une location chez l'habitant?
Wie komme ich dorthin?	Comment est-ce que je peux m'y rendre?
Haben Sie ein Einzelzimmer / Doppelzimmer frei?	Vous auriez une chambre pour une personne / deux personnes?
Wie viel kostet es?	Combien ça coûte?
Ich nehme es!	Je la prends!

WETTER

Was sagt der Wetterbericht?	Que dit la météo?
Es wird schön / warm / heiß / schwül / kalt / schlecht	Il va faire beau / chaud / très chaud / lourd / froit / mauvais.
Es wird regnen	Il va y avoir de la plue.
Es wird ein Gewitter kommen	Il va y avoir un orage.
Sonne	le soleil

RUND UMS BIKEN

Anlasser	le démarreur	Parkplatz	le parking
Auspuff	le pot d'échappement	Reifen	le pneu
Ersatzteil	la pièce de rechange	Reifendruck	la pressions des pneus
Führerschein	le permis de conduire	Schlüssel	la clé
Grenze	la frontière	Straße	la route / la rue
Helm	le casque	links / rechts	gauche / droite
Kreuzung	le carrefour	geradeaus	tout droit
Licht	la lumière	ziemlich weit	assez loin
Maut	le péage	nicht weit	pas loin
Öl	l'huile	zurück	en arrière

FÄHRE

Wann fährt die nächste Fähre nach…ab?	Quand part le prochain ferry pur…?
Wie lange dauert die Überfahrt nach…?	Combien de temps dure la traversée pour…?
Wann legen wir in…an?	Qand est-ce qu'on accoste à…?

UNTERWEGS

Entschuldigung, wo ist…?	Pardon, où est…?
Wie komme ich zu / nach…?	Pour aller à… ?
Können Sie mir das bitte auf der Karte zeigen?	Vous pouvez me le montrer su la carte, s'il vous plaît?
Wie viele Minuten mit dem Motorrad?	C'est à combien de minutes en moto?
Ist das die Straße nach…?	C'est bien la route pour…?
Wie komme ich zur Autobahn?	Comment arriver sur l'autoroute?
Wo kann ich mein Motorrad abstellen?	Où puis-je garer la moto?
Wie viel kostet das?	Ça coute combien?
Tut mir leid, dass weiß ich nicht!	Je suis desolé, je ne sais pas!

ESSEN UND TRINKEN

essen / trinken	manger/ boire
Wo gibt es hier ein preiswertes / typisches Restaurant?	Où y a-t-il ici un restaurant pas trop cher / typique?
Einen Tisch für … Personen bitte!	Une table pour … personnes, s'il vous plaît!
Die Speisekarte bitte!	La carte, s'il vous plaît!
Kann ich noch etwas Warmes zu essen bekommen?	Est-ce que je peux encore avoir quelque chose de chaud à manger?
Ich möchte nur etwas trinken.	Je voudrais seulement boire quelque chose.
Suppe	soupe
kalte Vorspeisen	hors-d'œuvre
Fleischgerichte	viandes
Fisch	poissons
Gemüse	légumes
Beilagen	garnitures
Käse	fromages
Getränke	consommations
Bier	bière
Rotwein / Weißwein	vin rouge / vin blanc
Wasser (mit / ohne Kohlensäure)	l'eau (gazeuse / non-gazeuse)
Tasse	la tasse
Glas	le verre
Teller	l'assiette
Messer	le couteau
Gabel	la fourchette

Löffel	la cuillère
Schüssel	le plat
Flasche	la bouteille
Die Rechnung bitte	L'addition, s'il vous plaît!
Frühstück / Mittagessen / Abendessen	le petit déjeuner / le déjeuner / le dîner
bestellen	commander
bezahlen	payer

RUND UM DIE PANNE / DEN UNFALL

Bitte helfen Sie mir!	Aidez-moi, s'il vous plaît!
Ich habe kein Benzin mehr	Je suis en panne sèche.
Wo ist die nächste Tankstelle?	Où se trouve la station-service la plus proche?
Ich habe eine Reifenpanne.	Jai un pneu crevé.
Ich habe eine Motorpanne.	J'ai une panne de moteur.
Die Batterie ist leer.	La batterie est vide.
kaputt	cassé
Wie teuer wird die Reparatur ungefähr sein?	Combien va coûter la réparation, à peu près?
Wann ist es fertig?	Elle sera prête quand?
Wo ist die nächste Werkstatt?	Où est le garage le plus proche?
Es ist nicht meine Schuld!	Ce n'est pas de ma faute!
Ich hatte Vorfahrt!	J'avais la priorité!
Sie sind zu schnell gefahren!	Vous avez roulé trop vite.
Sie haben zu wenig Sicherheitsabstand gehalten!	Vous m'avez collé!
Zeuge	témoin
Es ist ein Unfall passiert!	Il y a eu un accident!
... Personen sind (schwer) verletzt.	Il y a ... blessés (graves)
Rufen Sie bitte schnell die Polizei / die Feuerwehr / einen Krankenwagen!	Vite, appelez la police / les pompiers / une ambulance!
Ich bestehe darauf, die Polizei zu rufen!	Je voudrais que l'on appelle la police!

GRUNDZAHLEN

0	zéro	10	dix	30	trent
1	un/une	11	onze	40	quarante
2	deux	12	douze	50	cinquante
3	trois	13	treize	60	soixante
4	quatre	14	quatorze	70	soixante-dix
5	cinq	15	quinze	80	quatre-vingts
6	six	16	seize	90	quatre-vingt-dix
7	sept	17	dix-sept	100	cent
8	huit	18	dix-huit	200	deux cents
9	neuf	19	dix-neuf	1000	mille
		20	vingt	2000	deux mille

BikerBetten Motorradreisebuch

SLOWENIEN

Das kleine Land an der Schnittstelle von Alpen und Adria wird von Motorradreisenden meist schmählich ignoriert. Wenn überhaupt nutzt man es als Transitstrecke auf den weiteren Weg gen Süden. Dies ist ein großer Fehler!

Mit seiner landschaftlichen Vielfalt muss sich Slowenien vor seinen größeren Nachbarn keinesfalls verstecken. Zu entdecken sind nicht nur wilde Flusslandschaften, sondern auch tolle Passstraßen: Achterbahnfahren ist im Vergleich dazu ein Kinderspiel.

Zehn ausführlich beschriebene Motorradtouren zum Nachfahren für den Wochenendausflug oder die längere Reise mit:

- vielen Insidertipps des Autoren
- ausführlichem Kartenmaterial mit eingezeichneter Route
- praktischen Hinweisen zu Streckenlänge, Etappen, Charakteristik und den beliebtesten Attraktionen – nicht nur für Motorradfans
- Hotels, die sich auf Motorradfahrende Gäste freuen
- GPS-Daten zum Download.

ISBN 978-3-937063-36-2 • € 22,95